FSC
www.fsc.org
MIXTE
Papier issu
de sources
responsables
Paper from
responsible sources
FSC® C105338

AF294000

2023
Tous droits réservés pour tous pays.

Georges Curtis

Bavardage philosophique

d'un Citoyen ordinaire

A véronique.

Ma pensée n'a pas la douce lenteur des longs fleuves tranquilles. Elle va par bonds, par sauts ; non par infantile impatience, mais par appétit boulimique. Creuser tranquillement le même sillon n'est pas sa vocation ; pourquoi aurait-elle des ailes sinon pour survoler une multitude de paysages, passer de l'un à l'autre, et à la pesanteur préférer l'apesanteur ?

Bien sûr, chaque médaille a son revers, chaque vocation sa difficulté existentielle, mais plus difficile encore, sans doute, aura été de me suivre toutes ces années.

Georges Curtis

Bavardage philosophique

d'un Citoyen ordinaire

C. Aranopoulos

A quoi tu penses ?

S'il suffisait d'ouvrir les yeux pour voir la réalité, il n'y aurait ni science ni philosophie.

Sommaire

Avant-propos

« La parole appartient à moitié à celui qui parle, moitié à celui qui écoute », nous dit Montaigne.

J'apprécie l'idée que de ces textes naîtront autant de nouvelles recompositions, autant de nuances d'interprétations, autant de réflexions que de lecteurs puisque, quoi que l'on cultive, fut-ce des idées, la réussite c'est que ça grandisse.

Ici le fond commande la forme. Quand l'essai est maître pour développer une théorie, approfondir un sujet, le recueil de textes offre un espace de liberté unique, à la fois ludique et didactique : pouvoir sauter d'un sujet à l'autre, revenir au même sous un autre angle, repartir en explorer un troisième, un quatrième, surligner l'essentiel, utiliser pleinement la spécificité de la philosophie qui est de dessiner au plus juste l'énigmatique réalité, l'éclectisme de ses parties, la cohérence de sa totalité.

Pour autant, chaque texte n'étant rien d'autre, finalement, qu'un mini essai, ils ambitionnent le même objectif : réduire l'ignorance, ici en éclairant un sujet précis, là en donnant la clé qui permet d'accéder à une compréhension plus générale.

En montrant des sujets différents, mais avec le même regard, modestement humaniste, simplement « à hauteur d'homme », le réel, celui de notre intériorité et celui dans lequel s'inscrit nos actes, cette réalité, intuitivement ressentie ou laborieusement pensée, prend sens en dévoilant les mille fils qui relient ses parties sans lesquels elles ne seraient qu'un amas chaotique de choses et d'autres ; mais ainsi reliées forment un ensemble dont la cohérence éclaire à son tour chacune de ses parties, et alors, et alors seulement, on ne regarde plus la mode ou le P.I.B. de la même façon, on n'écoute plus les discours de la même oreille, bref, on comprend l'utilité de la philosophie, sa fonction démocratique, sa vertu émancipatrice : soulever un peu le voile de l'apparence, voir un peu mieux la réalité.

Ce que pensait Montaigne sur cette relation Auteur/Lecteur est particulièrement bien explicité par Robert Darnton dans son « Apologie du livre » édité chez Gallimard, en voici un extrait :

« Il fut un temps où les lecteurs tenaient des recueils de citations ou des anas. Dès qu'ils tombaient sur un passage piquant, ils le recopiaient dans un carnet sous un titre approprié en lui ajoutant des observations faites au fil de la vie quotidienne. Érasme leur avait appris comment faire ; et, s'ils n'avaient pas connaissance de son populaire De Copia, ils consultaient des modèles imprimés ou le maître d'école du coin. Cette pratique se répandit partout en Angleterre au début de l'ère moderne, chez les simples lecteurs, mais aussi chez les écrivains célèbres comme Francis Bacon, Ben Jonson, John Milton et John Locke. Elle impliquait un mode particulier d'appréhension du verbe imprimé. À la différence des lecteurs modernes, qui suivent le mouvement d'un récit du début à la fin (sauf s'ils sont « nés avec le numérique » et cliquent à travers les textes sur des machines), les Anglais à cette époque lisaient par à coups et sautaient d'un livre à l'autre. Ils brisaient les livres en fragments et assemblaient ceux-ci selon de nouvelles combinaisons en les transcrivant dans différentes sections de leurs carnets. Puis ils relisaient l'ensemble et en réorganisaient l'agencement en ajoutant d'autres extraits. Lectures et écritures étaient donc des activités inséparables. Elles entraient dans un effort continu pour tirer un sens des choses, car le monde était empli de signes et vous pouviez y lire votre chemin ; en tenant un registre de vos lectures, vous faisiez un livre de votre cru, marqué du sceau de votre personnalité. »

La pratique de cet exercice est tombée en désuétude ; cela reviendra peut-être, le conseil étant toujours valable dans notre 21e siècle !

Introduction

Il faut rendre à César ce qui appartient à César. À qui appartient la philosophie ? De même que la menuiserie n'appartient pas aux menuisiers, mais à tous ceux qui façonnent le bois, la philosophie n'appartient pas aux philosophes – que Proudhon accusait de se complaire dans la logomachie – mais à tous ceux qui suivent le précepte d'Horace : « Osez penser ! ». Effectivement, il faut oser, c'est-à-dire surmonter un implacable a priori : le sentiment d'être illégitime, car tout de suite la question se pose, s'impose, quelle valeur peut avoir une pensée qui ne possède pas l'imprimatur universitaire ?

La question se pose, s'impose, parce que l'on prend le problème à l'envers. On juge la pensée par rapport à l'auteur, on doit juger l'auteur par rapport à sa pensée : tient-elle la promesse de toute vraie pensée ? Enrichir son lecteur par sa justesse, son originalité, sa clairvoyance, son didactisme, pour se faire véhicule d'un esprit libre et donc, in fine, libératrice de la pensée du lecteur, de la lectrice, jusqu'à lui donner l'impertinent courage de faire ce que l'on croyait réservé à d'autres, là-haut, dans leur Olympe intellectuel : Penser.

Malgré les basses eaux du fleuve politique populaire, ou plutôt à cause de cette désaffection, il faut repenser, réaffirmer deux ou trois vérités que le fleuve a portées, dont l'histoire peut témoigner : pour tous ceux qui défendent un progrès humaniste, il n'a jamais été question que d'être réfractaire à la régression sociale ; le seul ruissellement qui a amélioré la vie du plus grand nombre est celui des ruisseaux individuels (mais pas individualistes) qui ont fait grossir les premières rivières qui ont créé la force qui seule permet que la souveraineté populaire ne soit pas un vain mot ; le partage équitable des bénéfices du travail collectif est toujours d'actualité.

Le grand fleuve populaire, celui qui, pendant tout le 20e siècle a rompu tant de barrages, renversé tant de statues, noyé tant d'injustices, charrié tant d'espoirs, celui qui n'a cessé de dessiner le projet d'une meilleure vie pour le plus grand nombre retrouvera son étiage ces prochaines années, car tel est le sens de l'histoire.

Hier encore, la mémoire collective semblait de moins en moins suivre les règles d'une rationalité qui lui confère le statut d'expérience didactique ; qu'en sera-t-il demain ?

Tant de crises ont été vécues ; combien n'ont été présentes dans les esprits que le temps de reconstruire le passé ? Combien ont été utilisées pour changer le cours de l'histoire, la manière de penser, d'agir, d'organiser et de vivre le collectif ?

Elle devait être la « der des ders », elle ne fut que le premier grand massacre du 20e siècle. La crise financière de 2008, la première grande crise du 21e siècle, devait changer profondément les règles du jeu de la financiarisation économique, et puis, et en à peine quelques années, les affaires ont repris leurs cours, et la bourse son « trading » à haute fréquence, toujours aussi hautement déconnectée des réalités économiques, écologiques et sociales…

Combien de crises climatiques pour faire plier les sceptiques ? Combien de crises écologiques pour émouvoir les barons de la finance ? Combien de crises mondiales pour remettre en question la trop interdépendante mondialisation, la trop puissante financiarisation, la trop grande impunité écologique et sociale des tentaculaires multinationales devenues si expertes à nationaliser les problèmes et privatiser les profits ? Combien de fois a-t-on entendu « plus jamais ça ! » ? Combien de fois a-t-on reconstruit le passé à l'identique, en pire ?

Toute situation peut être retournée en son contraire ; une bonne peut avoir des conséquences négatives par simple négligence des conditions de sa pérennité, une mauvaise peut devenir créatrice de nouveautés positives, pour peu que l'on s'y affaire, pour peu que l'on ne se contente pas de reconstruire le passé, à l'identique ; pour peu que la mémoire collective retrouve son statut d'expérience didactique, car les mêmes causes, le passé reconstruit, donneront toujours les mêmes effets, les mêmes crises.

On n'en finit pas de mettre des mots sur les maux d'une société qui n'en finit pas d'être malade d'elle-même.

Bien sûr, les mots n'ont pas vocation à guérir les maux, mais au moins devraient-ils remplir leur office : décrire le problème, proposer une solution ; pourtant, n'est-ce pas ce qu'ils font, et plutôt cent fois qu'une ? Justement, c'est bien là le problème, cent fois, c'est beaucoup trop ; tantôt on s'y perd, tantôt on se lasse, ou l'on choisit son camp, on y campe, on s'y accroche, on s'y obstine, on s'y divise. Chacun son mot, qui devient opinion, qui s'impose vérité... Chacun son problème, sa revendication, sa zone à défendre ; on s'y retranche avec sa provision de mots, de quoi soutenir un siège, une guerre des tranchées où les idées se neutralisent et les actes s'annihilent ; où plus rien ne compte que de faire reculer d'autres mots, ceux d'adversaires ennemis autant que de concurrents amis, où plus personne ne coopère pour faire reculer les maux, qui sont bien les seuls à prospérer, comme en toute guerre.

Ainsi le problème est bien moins l'absence de solution que l'absence d'entente autour d'une solution ; une bonne partie de la solution est donc là, à portée de mains, de voix, de mots :

Utiliser notre énergie à moins combattre les mots adverses et beaucoup plus les maux du monde et donc commencer par trouver les mots communs qui assemblent, car ce sont ceux qui libèrent l'action quand ceux qui divisent l'emprisonnent.

Mais toute pensée s'enracine dans une histoire personnelle autant qu'elle s'inscrit dans une histoire collective ; toute pensée est dialogue avec le monde autant qu'avec soi-même, dialogue avec le monde à partir de soi-même, et donc d'un vécu, d'un « voyage » dans la vie qu'il n'est peut-être pas inutile de décrire brièvement.

Je me souviens, dans les années 70, d'un article de journal vantant les mérites d'une entreprise locale qui venait de recevoir un prix pour ses performances à l'exportation. L'article avait retenu mon attention parce que, justement, j'y travaillais, comme ouvrier. Mon article aurait été moins élogieux, car j'aurai témoigné de quelle chair humaine était faite cette réussite industrielle exemplaire.

Je me souviens de ces journées vagabondes que j'affectionnais moyennement, mais ne détestais pas. L'esprit libertaire ne s'était pas arrêté de souffler en juin 68... Tout le monde ne partageait pas, évidemment, loin s'en faut, cet antimatérialisme primaire, cette absence de préoccupation du lendemain, du surlendemain, de la retraite... et parmi ceux, celles, qui se laissaient encore porter par le souffle de l'explosion sociétale des années 60, dominaient le sentiment, clair et confus à la fois, que la fringante « société de consommation » et ses millions de comptes en banque, et autant d'envies à satisfaire, sonnerait bientôt la fin de la longue récréation soixante-huitarde. Et devant l'inéluctable, chacun semblait lancer la supplique : « Encore une année, monsieur le Capitalisme ! »

Je me souviens d'avoir participé, en 1980, à la création d'une association culturelle, et même, folie excitante, début 81, d'un mensuel, dont le premier et dernier numéro sorti en mars, à 25 000 exemplaires dans toute la France…

Dans les semaines qui suivirent, je reçus une lettre d'Argentine, me demandant si je pouvais trouver quelqu'un pour monter une pièce de théâtre en France, qui ne pouvait être jouée à Buenos Aires à cause de la censure. En fait, il s'agissait d'une écrivaine française, de passage à Nice, elle était tombée sur notre premier numéro.

Je me souviens de cette émotion indéfinissable et si particulière, aux premiers contacts avec des meubles du 19e, 18e, 17e siècle ; avec des objets chargés d'histoire, chargés de cette sorte de magnétisme qui touche simultanément la main l'œil et l'esprit.

Les métiers de la restauration, du noble ébéniste au roturier vernisseur au tampon que j'allais devenir, autorisent une charnelle accointance avec les œuvres, provoquant un tutoiement d'outretombe avec les artisans-artistes, un dialogue où s'invite immanquablement une modeste, mais réelle sagesse de la main. Modeste, parce qu'elle n'a aucune prétention sur la compréhension du monde ; réelle, parce qu'il y a toujours quelque chose d'universel à en tirer.

Le monde des œuvres d'art est aussi celui où l'argent s'identifie à la perfection avec cette qualité liquide qu'on lui prête communément, tant, ici, il semble couler aussi facilement que l'eau du robinet.

Je me souviens de ce milliardaire dans son appartement musée de quelques centaines de mètres carrés, un 20e étage monégasque. Je devais y travailler toute une journée pour une petite restauration à domicile. Sa femme m'avait bien prévenu : « N'ouvrez pas cette porte, mon mari se repose dans le salon » (en fait, il s'agissait de m'indiquer le chemin pour sortir de cette enfilade de pièces et rejoindre l'ascenseur, privé, évidemment, les domestiques ayant pris congé, et madame partant faire ses courses). Mais un peu plus tard, ayant besoin d'un éclairage supplémentaire, et nécessité faisant loi, je toquais à ladite porte du salon refuge. « Entrez », d'un ton visiblement agacé, mais poli ; ouvrant, je vis un grand écran où était projeté un dessin animé. Comme quoi, on peut être riche et puissant et néanmoins homme, c'est-à-dire éternel enfant.

Je me souviens de cet autre, son nom s'étalait à la « une » des journaux pour des ennuis judiciaires. Le même jour, nous étions chez lui pour présenter meubles, tableaux, tapisseries d'Aubusson...

« Un peu plus haut, un peu plus à droite ; non, ça ne va pas ; remettez-le à gauche de la console. »

Il faut plus que quelques brindilles judiciaires pour entraver le flot de ces liquidités...

Je me souviens, dans les années 80, d'un concours organisé par la section niçoise du Mouvement Européen. Il s'agissait d'une dissertation répondant à la question : « en quoi la construction de l'Europe favorisait-elle la paix dans le monde ? ». La récompense était de mille francs et une invitation à visiter le parlement européen. Étant dans une période financièrement creuse, je n'ai pas utilisé les mille francs pour visiter Strasbourg et son parlement. Je me demande si l'invitation tient toujours.

Je me souviens d'un petit salon du livre où ma copine de l'époque présentait le sien, publié à compte d'auteur. Une députée-maire marrainait la manifestation littéraire. Je fis sa connaissance, et un brin de causette plus tard, nous décidâmes de nous revoir pour continuer à bavarder, mais cette fois dans le but d'essayer de rendre cet échange d'idées public sous la forme, évidemment, d'un livre. Selon nos emplois du temps, nous nous donnions rendez-vous dans sa mairie, ou à l'Assemblée nationale. Un jour, sur un grand boulevard, entre l'assemblée et un petit restaurant, alors que nous avancions à la vitesse des embouteillages, mon regard croisa, sur le trottoir, une femme d'un certain âge, visiblement S.D.F. ; bref regard, brève pensée : en quoi méritais-je mon petit privilège ? En quoi méritait-elle sa grande indignité ? Malaise intérieur, la voiture file ; sourires, la conversation continue.

Le livre ne s'est jamais concrétisé, mais le malaise ne s'est jamais dissipé complètement.

Je me souviens d'un agréable déjeuner avec le scientifique Alexandre Meinesz, à deux pas de son labo, à la fac de biologie marine de Nice. Je n'avais jamais mis les pieds dans une « fac » ; ma première impression ? Défraîchi ! Personnellement, travaillant là comme étudiant ou prof, j'aurais tout repeint pendant les vacances... C'était juste après la publication de son livre : « Le roman noir de l'algue tueuse » ; le titre ne lui plaisait pas, mais, comme souvent, l'éditeur avait choisi quelque chose d'accrocheur. Il me parlait de sa découverte, et de son combat pendant des années, pour alerter les pouvoirs publics, les politiques, en vain. En fait, cela se passe souvent ainsi : dès qu'un scientifique veut tirer la sonnette d'alarme sur un problème, un autre le contredit, et le politique, dans sa grande sagesse, prendra courageusement la meilleure décision : Wait and see.

2005, référendum sur la constitution européenne. Modeste participation à la campagne pour le non dans la mouvance écolo.

Je me souviens d'un grand et courageux article de Jean-François Khan dans son « Marianne », où il condamnait le caractère outrancier d'une diatribe de Serge July dans « Libération » où celui-ci insultait les partisans du « non ».

Une idée me vint, comme ça, par goût du jeu intellectuel : porter plainte pour diffamation contre Serge July. Même mon avocate pensait que ce n'était pas possible, à cause de la sacro-sainte liberté d'expression journalistique. Mais liberté d'expression n'est pas synonyme de liberté de diffamation et d'insultes ; et le tribunal d'instance de Paris jugea ma requête recevable. Sauf que l'avocat de Serge July a réussi, en dénichant je ne sais quelle jurisprudence, à démontrer que ce n'était pas le tribunal d'instance qui était compétent pour juger cette affaire, mais le Tribunal de Grande Instance ; pour mon avocate et moi, la tactique était claire : se doutant des modestes moyens d'un petit artisan, et connaissant le coût d'un procès au T.G.I., il était quasiment sûr que je laisserai tomber ; ce que je fis, évidemment.

Je me souviens d'une de ces petites causeries-débats organisées par la librairie « La belle aventure » à Poitiers, où un auteur vient présenter le sujet de son livre. Lecteurs et futurs lecteurs questionnent, interpellent, réagissent ; agréable et instructif moment de « vie culturelle gratuite ». Cette fois, il était question de médiation. Une activité de plus en plus importante dans nos sociétés aux rouages relationnels complexes. Mais c'est sur un nouveau concept que se porta principalement mon attention : la médiation élargie.

L'année suivante, en 2014, j'eus l'occasion de participer à une rencontre avec Ségolène Royal, pour son dixième anniversaire comme présidente de la région Poitou-Charentes ; rencontre organisée sous l'égide du quotidien Centre Presse. Chaque intervenant avait droit à une ou deux questions, la mienne était évidemment : « Vous qui avez défendu le principe de la démocratie participative, accepteriez-vous d'expérimenter le concept de médiation élargie qui pourrait être créateur d'emplois principalement dans l'économie sociale et solidaire, et l'économie verte ? » ; prise de cours par un sujet qu'elle ne connaissait pas, j'obtins une réponse aussi positive qu'évasive. Normal, diriez-vous, la question portant sur un nouveau concept ; pas normal, en réalité, car la question était prévue, et son staff aurait dû lui en parler pour qu'elle ne soit pas prise de court… Mais peu importe, j'avais prévu l'éventualité, et lui offris (n'était-ce pas un anniversaire) le livre collectif dirigé par Dominique Royoux : « la médiation, un enjeu démocratique », édité par La Librairie Des Territoires, devenant à mon tour un modeste médiateur.

Pas de pensée qui ne reflète le penseur. L'objectivité est toujours illusoire, on ne peut échapper à soi-même, et toujours restera l'œil qui perçoit plus ou moins bien ce que la pensée, victime des limites, ambiguïtés et autres faiblesses des mots ne traduira qu'approximativement.

Aussi sincère soit-il, le témoin de la société de son temps ne peut prétendre à l'objectivité sans tromper les autres en s'illusionnant lui-même. L'observateur doit se reconnaître impuissant à transmettre la vérité, et ne rien désirer de plus que de bien dire ce qu'il voit, et qui ne sera jamais que sa vérité, toute relative, toute fluctuante, et conditionnée par les maigres données qu'il aura su comprendre.

Les réussites scientifiques de ces dernières décennies ont créé une illusion d'optique : l'idée que puisque chaque nouvelle connaissance répond à une ancienne question, le nombre de questions diminue et nous aurons bientôt une connaissance totale de l'univers.

Mais si chaque nouvelle connaissance répond à une ancienne question, elle en pose dix nouvelles que nous ne pouvions même pas imaginer. Autant dire que si nous avons augmenté nos connaissances par cent, les domaines de recherche sont devenus si nombreux et si vastes que nous pourrions tout aussi bien dire que notre ignorance a été multipliée par cent. Le progrès réalisé n'apparaît alors comme guère plus spectaculaire qu'un saut de puce, là où même un vol d'aigle n'embrasserait pas ces nouvelles contrées à peine entrevues. Si le terme, la notion de progrès, voire de progrès rapide, devrait être révisé à la baisse, son rapport quasi automatique à un mieux-être ne tient plus que par un fastueux effet de prestidigitation : les merveilles de la technique. Mais chaque médaille a son revers, chaque technique sa pollution, et le paradis de la machine-outil jette ses derniers feux, la robotique est son chant du cygne.

Si l'univers industriel se lézarde, ce n'est pas seulement à cause de ses inconvénients, c'est aussi, c'est sans doute surtout parce qu'un autre univers social se prépare à naître.

Si la culture se brise en un émiettement anarchique, ce n'est peut-être pas simplement à cause d'une « mass-médiatisation » où le simple énoncé de faits tient lieu de discours et le commentaire de philosophie ; c'est peut-être aussi parce que la forme (le classique cloisonnement des connaissances et des activités) devient de moins en moins apte à contenir des connaissances de plus en plus pluridisciplinaires, des activités de plus en plus interdépendantes. Ainsi, derrière l'anarchie apparente, une nouvelle forme se dessine sans qu'il soit possible de la saisir en entier : celle d'une culture « éclaté », sans frontières ni centre, où chaque élément s'associant à une multitude d'autres trouve sa place dans un ensemble multidimensionnel mêlant simultanément champs de connaissances et domaines d'activités.

Si rien ne permet d'affirmer que, succédant à la culture « cloisonnée », la culture « éclatée » s'épanouira au 21e siècle, il est par contre tout à fait sûr qu'une nouvelle forme culturelle sera de plus en plus nécessaire, et qu'il ne tient qu'à chacun d'y participer, par son attitude et sa réflexion, selon ses moyens et ses convictions, sans attendre un hypothétique

« sauveur », car déjà le temps nous rattrape, et l'avenir demande à être entendu maintenant.

Les solutions, les attitudes, les comportements, les modes de penser acquis, expérimentés, peaufinés au cours des siècles passés ne suffiront plus. Combien, parmi nous, ressentent déjà le goût amer des futures défaites ? Sans doute plus qu'on ne le dit, moins qu'il ne le faudrait. Les anciens repères, les anciennes cartes, ne nous indiqueront plus la marche à suivre. Le 20e siècle, c'est la grande césure de l'histoire de l'humanité. C'est la création d'une situation absolument originale, sans comparaison possible avec le passé. De ce phénomène historique totalement nouveau jailli avec toujours plus d'intensité un immense défi : L'avenir de l'espèce humaine ; alors que chaque communauté, cloisonnée derrière ses frontières, ne se préoccupait que de son propre avenir. Tout a changé. Tout a changé parce que nous avons changé d'ordre de grandeur. Nous ne sommes plus, comme au 19e siècle, sur une gigantesque terre aux ressources infinies ; mais sur un petit vaisseau spatial à l'équilibre vital précaire. Nous ne sommes plus des sociétés nettement séparées, où chacun peut se permettre à loisir de ne pas se préoccuper des autres ; mais un ensemble complexe aux dimensions planétaires, où chaque groupe s'interpénètre de plus en plus, de telle sorte que la survie de l'un dépend de celle des autres ; et pourtant, nous continuons à faire « comme si ».

Cette situation explosive n'a de chance d'être maîtrisée que par la création d'un paradigme culturel adapté à ses exigences, sa complexité, son originalité.

Aux nouveautés technologiques doivent répondre des nouveautés culturelles, de nouveaux outils intellectuels ; à l'imagination technique doit répondre l'imagination sociale ; au savoir physique sur la nature, le savoir psychologique sur soi-même.

Le 21e siècle verra la création d'une nouvelle culture, la naissance d'une nouvelle civilisation. Il ne peut en être autrement. Cela prendra des décennies ; avec des petites catastrophes, ou des grandes, selon que chaque société s'y sera plus ou moins bien préparée, aura plus ou moins bien anticipé les bouleversements futurs.

Pour beaucoup, le philosophe apparaît comme celui qui, pas assez doué pour s'occuper de science, dépense inutilement le peu de dons qu'il possède pour ressasser indéfiniment de vieilles lunes, déjà explorées par d'autres, dans les siècles passés, sans vraiment donner le signe d'un quelconque progrès.

En science, au moins, les choses sont claires, les génies du passé ne sont plus d'actualité ; et de quelle gloire peut se parer la philosophie face à la technologie, qui se surpasse tous les six mois ?

Telle est la situation : la science déploie son évidence, la technologie s'impose, même à ceux qui n'y comprennent rien, quand la philosophie est constamment sommée de justifier sa pratique, son existence même, à quoi sert-elle ?

À voir les mirages pour ce qu'ils sont, des illusions sémantiques.

Dans nos contrées surpeuplées et surachalandées, les déserts ne sont pas de sable, les mirages n'en sont pas moins trompeurs.

Le désert artistique peut créer le mirage du sens, où il n'y a que provocation vaguement symbolique.

Le désert culturel peut se parer du mirage de la connaissance, où il n'y a qu'idées creuses et superstitions.

Le désert politique se farder du mirage démocratique, où il n'y a que la dictature molle d'un consumérisme exacerbé.

Le désert humaniste s'auréoler du mirage de l'entraide sans frontières, où il n'y a que charité bien ordonnée… et achat de bonne conscience à peu de frais.

Le désert médiatique, séduire par la création –grâce à la profusion d'informations– du mirage de la compréhension de tout, là où il est de plus en plus rare de prendre le temps d'expliquer quoi que ce soit.

Pour traverser le désert, l'eau reste la meilleure des provisions ; elle n'a pas fait de progrès depuis des millénaires, mais elle s'est constamment renouvelée, réactualisée dirait-on aujourd'hui. Il ne viendrait à l'idée de personne de la trouver désuète, inutile, dépassée. Je parle pour traverser un désert ; parce que bien sûr, à la terrasse d'un café…

Pour traverser les déserts qui semblent, paradoxalement, plus grands que jamais dans nos contrées, l'eau philosophique reste la meilleure des provisions. Elle n'a pas fait de progrès depuis des millénaires, mais elle s'est constamment renouvelée…

Je parle pour traverser un désert ; parce que bien sûr, au comptoir d'un bar…

La pensée philosophique n'est pas une opinion, elle n'est pas le libre déploiement d'un imaginaire, du moins celle qui n'a pas la prétention d'être « la réalité », mais se contente de la chercher, de s'en rapprocher ; elle n'est pas une construction théorique ex nihilo, comme une histoire que l'on invente à partir d'une feuille blanche, car, dans cette aventure, on part d'une réalité qui nous précède ; on utilise le maigre savoir et les outils usagés qui sont ceux de notre temps, de notre culture, et dans les limites de nos moyens.

Dans ces conditions, une méthodologie s'impose, car sans elle, la réalité qui nous submerge de mille détails et autant de complexes circonvolutions aura vite fait d'égarer le plus téméraire des « chercheurs de vérités », qu'il soit scientifique, philosophe, ou artiste. D'abord, il faut s'efforcer, mentalement, de prendre quelques distances, et, avant d'être intrusif, analytique, n'être qu'observateur, sans a priori, sans jugement, juste observer ce qui se passe, à la manière de l'entomologiste regardant une fourmilière, et ensuite, comparant la réalité observée et le discours contemporain sur la réalité, commencer à déconstruire, non pas la réalité, évidemment, mais le discours sur la réalité, pour, à la fois, en comprendre la logique interne, sa subjectivité cachée derrière une apparente objectivité, et enfin repérer là où il se rapproche ou s'éloigne de la réalité observée. La science procède ainsi, peu ou prou, comme toute pensée honnête, même sans en avoir vraiment conscience, car sinon, on verse vite dans l'invention, l'idéologie, la caricature, l'essentialisme, accompagnés de tous les préjugés de l'époque, de toutes les idées reçues que véhicule cette même culture qui est, au départ, le terreau de la pensée, mais qui ne doit pas en être la prison.

L e droit. Encore trop souvent, on ne perçoit de cette discipline, pourtant essentielle à toute vie sociale, que son aspect rébarbatif : une suite indéfinie de règles, de lois, d'obligations, d'interdits, bref, quelque chose qui aurait le principal « défaut » d'une discipline scientifique : langage technique impénétrable, avec en plus, le sentiment pesant que le droit est avant tout occupé à contraindre, à réduire l'espace de liberté de chacun.

Mais lorsque l'on traverse le miroir, celui qui nous renvoie du monde extérieur l'image de notre propre monde intérieur ; lorsque l'on va un peu plus loin que les apparences, c'est un tout autre paysage qui s'offre à nous : à la fois plus complexe, plus scientifique, plus philosophique, et finalement, et surtout, plus au service de l'humaine condition ; reflétant sa vocation principale, qui n'est pas d'interdire, mais de protéger.

Le droit exprime une double prise de conscience : d'une part que la liberté est l'une des valeurs fondamentales qui définissent ce que l'on entend par dignité humaine, et d'autre part qu'elle ne peut pas être illimitée. Issu de cette double prise de conscience, le droit assume donc une double fonction : il garantit la liberté autant qu'il la limite, non pas selon un choix arbitraire, mais une volonté majoritaire. Ainsi qualifiera-t-on « d'État de droit » toute société où le droit assume cette fonction. Ainsi défini, le droit est ce qui oblige la société dans son ensemble, chaque individu en particulier, à respecter la dignité humaine.

Entre la nécessité éthique de l'égalité et l'idéologie de l'égalitarisme, la frontière est de plus en plus contestée.

Reconnaître à chaque être humain une égale dignité, c'est reconnaître en l'autre la même humanité, la même appartenance qui transcende toute différence physique, mentale, comportementale. Cette appartenance justifie que chacun soit considéré selon une égale dignité sans nier les différences existentielles et les identités individuelles, car les nier serait nier les deux droits fondamentaux de l'humain, l'être soi-même et l'être social. Égalité sans oblitération de l'individualité, telle est la nécessité éthique de l'égale dignité.

Le zèle idéologique en cette matière, comme tant d'autres, se veut absolutiste. L'égalitarisme, qui a eu son heure de gloire politico-économique au cours des trois premiers quarts du 20e siècle, puis une traversée du désert au dernier quart, s'est refait une santé idéologique ces dernières années en se convertissant à ce que l'on pourrait appeler l'égalitarisme sociétal : la vieille idée, reprise par une nouvelle génération, devra désormais s'imposer dans les mœurs. L'objet de ce nouvel élan égalitariste conserve la même méthode sémantique : la recherche de l'égale dignité devient prétexte à l'affirmation d'une indifférenciation qui se présente comme moralement progressiste, et qui se révélera, dans quelques décennies, être une impasse existentielle, comme l'était l'égalitarisme politico-économique du 20e siècle.

Indifférenciation entre animaux et humains pour les antispécistes, indifférenciation entre homme et femme pour les antigenres, indifférenciation entre les cultures pour les relativistes de toute obédience, entre autres les communautaristes qui possèdent la maîtrise d'une dialectique performatrice de plus en plus efficace pour imposer leur différence au nom d'une indifférenciation égalitariste. Et déjà naissent les prémisses d'une indifférenciation entre robots et humains, intelligence artificielle et intelligence humaine ; et déjà n'a-t-on pas vu la célébrissime J.K. Rowling se faire honnir par la nouvelle bien-pensance pour avoir osé affirmer qu'il y a une petite différence aussi naturelle qu'irréductible entre homme et femme ?

Ainsi, lorsqu'enfin le jardin d'Eden égalitariste régnera sur terre, il n'y aura plus des animaux, des humains, des androïdes, et encore moins des hommes, des femmes, mais un individu enfin libéré de son ontologique prison naturelle, mais à un prix qui deviendra de plus en plus psychologiquement exorbitant, l'abandon de deux fondamentaux existentiels, l'être soi-même et l'être social, pour n'être plus qu'un être fluctuant, fluide, sans contour, ni centre, ni permanence, détaché (mais peut-être à la manière de la feuille, qui, se détachant de l'arbre, un moment, peut se croire libre), sans déterminants naturels/culturels, ce creuset où se forme, par adhésion ou opposition, l'être soi-même et l'être social.

L'égalitarisme aura alors, finalement, atteint son but : réduire toute différence à une construction intellectuelle, c'est-à-dire nier la nature en général, la nature humaine en particulier, pour célébrer un individu « pur esprit », indéterminé puisque détaché de tout pseudo-déterminisme naturel/culturel. Le transhumanisme parachèvera l'œuvre salutaire et libératrice en « transposant » ce « pur esprit » dans les arcanes cérébraux d'un androïde qui traversera les siècles… L'égalitarisme juridique entre animaux/humains/robots est la première bataille commencée en ce premier quart de siècle ; d'autres suivront, puis s'effondrera encore l'utopie postnaturelle.

L'approche systémique répond et répondra de plus en plus au besoin d'acquérir une compréhension d'ensemble, une vue globale, qui, sans remplacer l'analyse spécialisée, la complétera, l'enrichira d'une vision insistant plutôt sur les interactions qu'entretiennent les phénomènes d'une situation donnée.

La valeur pédagogique de l'analyse systémique se révèle pleinement dans cette « mise en perspective » qui lui est propre et qui permet d'accéder à une compréhension plus juste, moins simpliste, manichéenne, réductionniste, de concepts aussi déterminants pour la vie humaine que, par exemple, la liberté pour l'individu, ou l'équilibre pour l'organisation des rapports sociaux.

Ainsi, du point de vue de l'analyse systémique, « liberté » signifie moins absence de contraintes que possibilité de choisir ses contraintes, et c'est d'ailleurs l'exacte définition du concept « démocratie ».

Mais un exemple emprunté à l'activité ludique éclairera mieux cette question qu'une longue argumentation.

Le jeu est un ensemble de règles liées entre elles de telle façon qu'il soit possible d'atteindre un résultat donné. Tout jeu constitue donc un ensemble de contraintes. Que signifie ici le concept « liberté » dans son sens ordinaire ? Il signifie simplement tricher ; se « libérer » des lois qui obligent le joueur à agir de telle façon plutôt qu'autrement. Il s'agit d'une libération que l'on appellera négative parce qu'elle va dans le sens de la désorganisation et de la détérioration du système dans lequel elle s'inscrit. On pourrait aussi l'appeler « libération aveugle », en ce sens qu'elle n'est pas fondée sur la lucidité que permet l'analyse systémique en mettant sans cesse l'accent sur le rapport entre l'élément et son ensemble.

Le regard de l'analyse systémique conduit à un comportement bien différent. « Liberté » sera ici l'acceptation consciente des règles. « Libération » sera alors à la fois acquisition d'une maîtrise permettant d'atteindre le but poursuivi, tout en respectant les règles du jeu qui représentent le système dans lequel s'inscrit l'action libératrice. Et une fois cette maîtrise obtenue, la création de nouvelles règles élevant le jeu à un niveau supérieur devient possible ; ce qui pourrait être appelé « liberté positive » : celle qui loin d'être un élément de désorganisation suscite l'évolution.

De la même manière, le concept d'équilibre, qui est souvent réduit à un état de non-évolution, pourrait être positivement redéfini. Ainsi, dans la nature, dans l'univers qui est le nôtre, rien ne reste « au repos » ; tout, au contraire, bouge, fluctue, change ; tout augmente ou diminue. Dans ce contexte, rechercher l'équilibre ne peut pas signifier arrêter ce qui, par nature, est constamment en mouvement, mais orienter le dynamisme du système vers une succession d'équilibres, dans une logique évolutive.

Rien de plus vrai, de plus pesant, de plus évident, de plus inéluctablement présent à chacune de nos vies que la réalité sociale, surtout lorsqu'elle se voile d'un brouillard si dense que l'on n'y voie plus qu'à quelques semaines, quelques mois ; et après ?

Après c'est l'inconnu, et peut-être le drame. Le drame, sûrement, claironnent en chœur nos cassandres modernes. Le drame, évidemment ! Garanti sur diplômes, prouvé par A+B, haranguent nos experts de la réalité. Et revoilà nos docteurs au chevet des malades que nous sommes redevenus : « Les Fonctionnaires, vous dis-je ! », « Mais non, les Patrons ! ».

Et des temps anciens, que l'on croyait pour toujours prisonniers de nos livres d'histoire sont de retour, et l'obscurantisme, et l'inquisition : « Saignez les tous, la main invisible reconnaîtra les siens ! ». Dette+déficit+chômeurs = récession. Voilà la réalité. Ou plutôt la réalité telle qu'on nous la montre, nous la démontre, nous l'affirme, nous l'assigne à résidence…

Réalité mesurée, et donc vraie ; quoi de plus vrai que ce qui a été mesuré ? Et donc exacte ; quoi de plus exact qu'un nombre ?

Quantifier, mesurer, compter ; est-ce ainsi que les hommes vivent ? Non, ils ne vivent pas de mesures et de chiffres ; ils vivent d'espoirs et d'actions, d'imaginations et de créations. Aucun nombre ne donnera la mesure de ce qui n'a pas encore été inventé, expérimenté, imaginé, trouvé.

Je repense à ce scientifique qui avait prouvé, avec d'incontestables mesures et de savantes équations, qu'un plus lourd que l'air ne pourrait jamais voler ; et quelques années plus tard, un autre, alors que les premiers avions sillonnaient le ciel, qu'il serait à jamais impossible de s'extraire des forces gravitationnelles pour aller taquiner la Lune. Comme il serait utile d'inventer un appareil à mesurer l'ignorance des savants…
Chaque chiffre est le maillon d'une chaîne qui enserre la réalité, qui, apparemment passive, se laisse emprisonner un temps, puis se libère. Mais que mesurent ces chiffres ? L'épaisseur de la réalité, ou la longueur de la chaîne ? Où est la réalité ? Dans la mesure, dans le nombre, vraiment ? Que mesure ma mesure, la réalité ou mon interprétation de la réalité ?

La réalité se cache plus qu'elle ne se révèle derrière une mathématisation toujours plus complexe, inaccessible, intimidante ; imposant son imprimatur partout, pour tout, cassant toute velléité d'analyse critique d'un oukase chiffré ; discréditant tout contradicteur ne possédant pas la sémantique des équations.

La pensée, naguère principale actrice de l'interprétation de la réalité humaine, est ainsi devenue un frêle esquif dépensant l'essentiel de son énergie à juste surnager dans un torrent de chiffres.

Et si les chiffres qui menacent de nous engloutir, les milliards et les pourcentages, ne mesuraient que la grandeur des ombres de la réalité, projetées sur le mur de notre caverne ?

La seule réalité est celle que vivent des millions d'hommes, de femmes et d'enfants. La seule politique humaniste est celle qui leur permettra de vivre mieux. Mais ces deux axiomes laissent une large place à la créativité, et donc à la politique, parce que la seule vraie politique est celle qui invente, qui se réinvente. Inventer, imaginer, innover, expérimenter, ne doit plus être la prérogative du technologique, quand le social serait voué à reproduire les mêmes formes organisationnelles portées par les mêmes acteurs sociaux. Le social ne doit plus être le mendiant de la société de consommation, l'idiot de la technos-phère, mais le coauteur du progrès et pour cela il faut, philosophiquement, sortir de la caverne.

Sortir de la caverne, c'est prendre conscience que la pesanteur du réel, son caractère incontestable (fondement d'une dramaturgie moderne qu'observent, impuissants, peuples et élus), son « évidence » dépend largement d'une manière de voir plutôt qu'une autre, d'un paradigme plutôt qu'un autre.

La philosophie est le combat permanent, et jamais gagné une fois pour toutes, de l'esprit contre l'endormissement.

L'éveil, philosophiquement, est la condition mentale de la liberté intérieure, sans laquelle il ne saurait exister de vraie liberté.

L'endormissement, philosophiquement, n'a rien à voir avec un manque d'intelligence, pas plus qu'un manque de connaissances. L'endormissement peut être provoqué par diverses causes, la plus redoutable étant la certitude ; la plus commune, l'habitude ; la plus auto-justificatrice, la normalité ; la plus dangereuse, l'intégrisme idéologique ; la plus valorisante, la réussite ; la plus enivrante, l'addiction.

L'endormissement, philosophiquement, est donc l'esprit prisonnier de lui-même lorsqu'il s'identifie à un objet, quel qu'il soit. Cette identification est commune à tout être humain, car il s'agit d'une réponse plus ou moins incorrecte à un besoin psychologique universel : le problème existentiel du « qui suis-je ? ».

Sortir de la caverne, c'est sortir de cet état apparemment éveillé, pour s'essayer à une autre vision de la réalité, celle qui exclut le dogme, celle qui inclut le doute.

Prétendre posséder la vérité, la solution, c'est ignorer la complexité du monde. C'est refuser qu'il y ait un choix dans la diversité des possibles. C'est réduire la politique à un combat d'égos, la démocratie à l'élection d'un chef. C'est préférer le confort intellectuel et psychologique de l'endormissement à l'incertitude du questionnement ; c'est refuser de sortir de la « caverne ».

Le point de vue « à hauteur d'homme », c'est celui qui regarde toutes choses pour leurs conséquences sur l'homme, en tant qu'espèce, société, individu.

Ce point de vue se heurte donc, entre autres, à l'économie, lorsqu'elle se veut science autonome, hors-sol en quelque sorte, hors préoccupation de l'humaine condition, déroulant avec maestria ses démonstrations mathématiquement justes. Juste peut-être ; mais juste pour qui ? Les scientifiques ? Les mathématiciens ? L'espèce humaine ? La société française ? Européenne ? Chaque individu, ou juste une catégorie ?

Ce point de vue se heurte à la politique, lorsqu'elle érige le politiquement correct en vertu civique, le cynisme politicien en réalisme, l'action à courte vue électoraliste en pragmatisme ; et réduis la démocratie, ambitieuse utopie populaire, à quelques grandes messes électorales.

Ce point de vue se heurte au nouveau positivisme techniciste qui, des organismes génétiquement modifiés aux milliards d'objets connectés orchestrés par un gigantesque Big data maîtrisé par des androïdes surdoués, impose un tout autre point de vue : l'efficience technique et commerciale ; une tout autre réalité, celle de la virtualité numérique ; un tout autre avenir, celui de l'obsolescence humaine qu'un transhumanisme siliconien, dès aujourd'hui, programme.

Ce point de vue se heurterait-il au sacro-saint progrès que l'on n'arrêterait pas ?

On ne peut l'arrêter, l'histoire le prouve ; mais l'on peut arrêter la politique du déni de réalité. On peut arrêter d'être béat d'admiration à chaque nouvelle prouesse technique, et se préoccuper davantage des conséquences pour l'individu, la société, l'espèce humaine. On peut choisir d'utiliser ce progrès selon les valeurs que la société, dans sa liberté démocratique, se donne à elle-même.

Il y a deux façons de voir la démocratie, et donc de la définir, de la comprendre, de l'utiliser, d'y participer.

On peut la considérer comme étant un système durablement voire indéfiniment stable, dans lequel s'affrontent des forces diverses (sociales, culturelles, économiques, politiques) ; la démocratie ainsi vue est quelque chose d'extérieur à sa vie personnelle et qui existe une fois pour toutes, que l'on s'en préoccupe ou pas.

On peut y voir tout autre chose : un système instable qui tire sa pérennité de sa capacité à rééquilibrer sans cesse les forces qui le constituent pour donner l'impression d'une stabilité. Mais c'est la stabilité du cycliste sur son vélo, du funambule sur son fil ; qu'une des forces prenne le dessus et c'est la chute ! Ici, la démocratie est vue comme un système dynamique, toujours en mouvement, instable, fragile, et qui ne doit son existence qu'à la participation d'un nombre suffisant de citoyens pour le corriger en permanence afin de réduire l'arrogance matérialiste de l'économisme sans tomber dans les inextricables dérives autoritaires.

Étant donné le marasme actuel, qui ne fait que confirmer les errements d'une technostructure qui a cru avoir le pouvoir de « faire société » en empilant des traités, de fédérer des nations enracinées dans l'histoire en tenant pour quantité négligeable l'histoire des nations, et enfin et surtout, de créer une Europe… sans la participation active des européens ; étant donné l'impasse actuelle, comment peut-on encore imaginer possible la constitution d'une véritable entité européenne sans la participation du plus grand nombre à un ambitieux projet culturel européen ?

Bien sûr, on ne peut évoquer l'urgence d'un projet culturel européen sans rendre à Bruxelles ce qui est à Bruxelles, et par quelques exemples rappeler ce qui, ces dernières années, a été pour le moins contre-productif.

Ainsi, la grande erreur, dans la construction d'une Union européenne, est d'avoir tout misé sur l'économique en pensant que tout le reste suivrait, bon gré mal gré, et ce fut mal gré, et c'est l'impasse ; et ce sera bientôt la déconstruction, si la technostructure bruxelloise démocratiquement élue et ses filiales gouvernementales garantes et représentatives de la volonté populaire clairement exprimée et scrupuleusement respectée après chaque consultation électorale, comme on a pu encore le constater en 2005 ; si, donc, cette haute assemblée constituante européenne continue d'agir comme si une société n'était que la rencontre d'une machine à produire et d'une machine à consommer, et que la seule chose à faire était de bien agencer les deux en inventant les traités, directives et autres règles qui garantiront les meilleurs rendements ; bref, comme si les nations européennes n'avaient pas d'âmes, peu d'histoires, des particularités culturelles négligeables, et aucun avenir.

Sauf que les peuples ont de la mémoire, quoiqu'on en dise, une culture, même si elle s'affaiblit par la concurrence d'une américanisation mondialisée, et surtout, une indéfinissable identité collective, qui tient bien plus du « sentiment diffus » que d'une liste de caractéristiques, et qui naît, en chacun, en chacune, de cette indicible alchimie intériorisée (langue, culture, géographie, mœurs), que l'on peut appeler « âme », que l'on peut appeler comme on veut, mais qu'il a été tragique de négliger.

L'Europe n'existera vraiment, en tant qu'entité géopolitique, que lorsque la majorité des Européens se sentiront européens, alors qu'ils sont d'origines si diverses qu'ils ne devraient rien ressentir du tout. C'est sans doute le seul point où, effectivement, il faudrait imiter les U.S.A. : vendre l'Europe aux Européens, avant de se préoccuper de vendre les entreprises européennes aux investisseurs apatrides ; et pour « européaniser » les esprits, il faudra des initiatives essentiellement culturelles ; et ce « travail » pourra commencer par le partage d'une conviction aussi simple que vraie : devenir européens ne sera pas difficile, vous l'êtes déjà ; mais à la manière du bourgeois gentilhomme qui faisait de la prose sans le savoir.

Le défi sera donc de faire prendre conscience qu'une richesse culturelle partagée fonde une identité commune, parce que largement suffisamment différente, suffisamment originale, par rapport aux autres régions du monde (Chine, Inde, Amérique, Afrique...) pour que chaque européen, européenne, ressente dans cette prise de conscience le fondement de son identité propre, la conscience d'être européen, au-delà de son identité nationale, comme il y a un sentiment d'appartenance nationale, au-delà d'une appartenance régionale, et une appartenance régionale au-delà d'une appartenance familiale. C'est à partir de cette prise de conscience individuelle qu'existera concrètement, pour les Européens et le monde, une Europe ; comme il y a une Amérique, une Russie, une Chine, une Inde…

Une Europe dont on ne se préoccupera plus de savoir si elle parle d'une seule voix, parce qu'elle parlera de plusieurs centaines de millions de voix.

C'est pratique le pragmatisme : pas d'idéologies fleurant bon l'Ancien Monde, plus de « gauche », plus de « droite », que des problèmes techniques que des gens sérieux vont s'efforcer de résoudre sérieusement.

Le problème, c'est que choisir d'employer tel mot plutôt que tel autre suffit à révéler l'idéologie que l'on voulait cacher derrière le paravent du pragmatisme.

Le mot « crise », par exemple, est un cas d'école. Pourquoi « crise », plutôt que « mauvaise politique économique » ?

« Crise » renvoie à un phénomène incontrôlable, impersonnel, naturel ; on subit une crise comme on subit une tempête, personne n'est responsable. On ne peut que la voir venir plus ou moins tôt, s'y préparer plus ou moins bien, retrouver la situation « d'avant la crise » plus ou moins vite : là s'arrêtent les responsabilités, les critiques ; mais pour ce qui est de la « crise », aucune responsabilité, ni des personnes ni du système ; ni erreur humaine ni défaillance mécanique, mais inévitable phénomène naturel, qui a, comme la mousson, un côté négatif et un côté positif. Une « bulle financière » qui éclate, cela fait des dégâts, mais cela assainit le marché, et les meilleurs, comme d'habitude dans toute sélection naturelle, sortent vainqueurs ; et l'économie repart de plus belle, et tant pis pour les perdants.

Le mot « chômage » est l'otage sémantique idéal du discours idéologique prétendument pragmatique ; de « conséquence » de la crise, lorsqu'il s'agit de démontrer la non-responsabilité du pouvoir, il devient la preuve de l'incapacité du pouvoir à adapter l'économie locale aux exigences de l'économie globale. L'antienne est toujours très utilisée, car même un tantinet simpliste, elle déroule avec force détails un discours bien rôdé, illustré d'incontestables arguments chiffrés vantant la bien meilleure situation de tel ou tel pays ami et néanmoins concurrent, preuve qu'il n'y a derrière tout ça ni idéologie ni croyance, mais de solides réalités auxquelles nous devons, au plus vite, nous adapter ou périr.

Le problème, c'est que cet effort d'adaptation va toujours dans le même sens : la régression sociale. C'est un problème d'autant plus grand, qu'à l'origine, le progrès technologique était célébré non seulement parce qu'il apportait plus de confort matériel, mais qu'il devait permettre un progrès social, un progrès des conditions de travail, un progrès de la qualité de vie du plus grand nombre, et donc possédait intrinsèquement cette qualité humaniste de favoriser un progrès humain de la société, et pas seulement technique ; et ceci par la conséquence automatique, comme naturelle, évidente, d'une plus grande richesse à partager, tout en diminuant la durée du travail, car le progrès n'était pas censé se contenter d'apporter à chacun plus d'argent et de confort, mais aussi plus de temps. Le progrès technologique d'aujourd'hui était annonciateur du progrès humain de demain.

Un jour, peut-être, progrès technologique rimera de nouveau avec progrès humain ; en attendant, c'est avec « guerre économique » qu'il s'accouple, et ce n'est plus de partage des richesses produites qu'il est question, mais de « rationalisation » et de « pragmatisme ».

Le temps des citoyens libres de choisir leur avenir commun s'éloigne.

Le temps des soldats qui marchent au pas arrive ; car qui dit « guerre économique » dit « salariés-soldats » partant à l'assaut d'un marché mondial sous la conduite éclairée d'un chef des armées.

Transformer l'économie en champ de bataille c'est, à terme, inévitablement, transformer le citoyen en soldat et la démocratie en camp militaire. Du point de vue strictement économique, cela peut être remarquablement efficace ; mais du point de vue de la qualité de la vie, ou de la nature ?

La rationalité exacerbée de l'économisme, dont les règles tiennent lieu d'Écritures saintes pour les gouvernants de tous bords, porte bien mal son nom : Libéralisme. Dans la sagesse populaire, on dit que le mieux est parfois l'ennemi du bien. C'est exactement ce dont il s'agit. Ce qui était humainement bien dans le commerce, l'échange qui enrichit l'esprit autant que le corps, est devenu l'ennemi : la quantification monétaire, non plus seulement de l'objet échangé, mais de l'humain, par trois évaluations, sa productivité, son coût, son capital. Bien sûr, l'homo-oeconomicus est aussi vieux que le productivisme, l'industrialisation, le capitalisme. Mais jamais on n'a atteint ce degré de confusion entre valeur humaine et valeur marchande, jusqu'à considérer cette dernière comme seule pertinente pour régir la totalité de la vie humaine.

Comme si ne rien posséder, c'était n'être rien. Comme si le flux des échanges d'objets se confondait avec la vie humaine, et leurs prix avec sa valeur. Comme si l'on ne pouvait plus dire « je suis » sans autre référence que soi-même. Comme si l'on ne pouvait plus dire je suis sans faire la liste de ce que l'on a. Comme si l'être n'avait plus de consistance, comme si seul l'avoir était.

Avec le Libéralisme, nous sommes ainsi passés, d'année en année, d'un bien humainement vécu, la vraie liberté de posséder ou pas, sans que ce choix change la valeur de son être, à son contraire déshumanisant, l'emprisonnement mental de la possession : je possède, donc je suis. Ce qui retire à chacun son statut de sujet libre percevant son être, pour celui de sujet dépendant comptant son avoir.

Certes, la chose est délicate à saisir, mais elle est ainsi : l'être humain n'est libre que si la perception de son être n'est pas altérée par la possession d'un objet. Si le sujet se perçoit comme « agrandi » par la possession d'un objet de plus, il n'est plus libre, philosophiquement. Bien sûr, psychologiquement, il peut continuer à se sentir libre, et même plus, et en retirer tout le plaisir que suscite cette liberté. C'est évidemment là que se sépare la connaissance philosophique de la subjectivité psychologique ; c'est là que commence l'effort de distanciation entre soi et soi, effort qui permet de comprendre que ce que l'on ressent n'est pas ce que l'on est, car si cela était, on n'aurait pas besoin de la philosophie, l'émotion ressentie suffirait. Mais c'est une illusion ; l'être, et donc l'essence de son humanité, ne saurait bouger d'un iota, même en possédant mille objets de plus.

Le Libéralisme, ou plus exactement son avatar économique contemporain, est évidemment la version moderne et « High Tech » de l'antique matérialisme dont la faute originelle est la confusion entre avoir plus et être plus, confusion qui vient elle-même de la volonté de domination, et non de possession qui n'en est que le moyen. Volonté de domination qui vient elle-même d'un vertige mental originel, celui ressenti devant l'abîme métaphysique du « qui suis-je ? ». Dans l'impossibilité psychologique de se contenter de l'insondable « être », la seule réponse psychologiquement supportable fut de s'approprier une valeur quantifiable, et de sortir de l'impasse métaphysique en surévaluant la sensation psychologique de liberté qu'apporte toute domination, à commencer par celle de la nature ; alors que le terme juste n'est pas « liberté », mais « autonomie », à la manière d'un robot qui se débrouille tout seul dans son environnement, mais qui n'accédera jamais à la vraie liberté, qui est proprement humaine, qui demande un effort philosophique, et qui s'expérimente uniquement mentalement par un détachement, une séparation plus ou moins grande, entre la perception de son être et sa capacité d'action et de possession matérielle.

Être détaché, c'est être libre ; être attaché, c'est être prisonnier. La capacité d'action mesure l'autonomie du sujet humain, en tant que corps agissant, pas sa liberté, en tant qu'être pensant. Quant à la possession, elle ne mesure rien, ou peut-être, si, la bêtise, car il faut être bête pour penser être deux fois plus en possédant deux fois plus.

Bien sûr, ce qui est en cause ici, ce ne sont ni le commerce ni les entreprises, fussent-elles internationales. C'est un système, c'est une politique, c'est une idéologie. Ce sont des entités qui transforment l'or de la vie humaine en or de coffres-forts.

Le capitalisme contient-il dans sa logique fonctionnelle, dès son origine, le germe de la destruction du monde ?

C'est la thèse écologiste. C'est, effectivement, ce que nous pouvons observer : en deux siècles, nous avons construit un environnement artificiel techniquement de plus en plus sophistiqué, au prix d'une toujours plus grande destruction de la nature. Le fait est incontestable ; mais est-il le fait du capitalisme, ou d'un ersatz de capitalisme ?

Tout le monde s'accorde sur le fait que Marx n'est pas directement responsable du stalinisme ou du maoïsme, prisonnier post mortem de deux fanatismes. Personne ne se pose la question pour le capitalisme d'Adam Smith ; et si le « vrai » capitalisme n'était pas ce que l'on a appelé « capitalisme » aux 19e et 20e siècles, et encore moins le néolibéralisme actuel ? Et si nous pouvions démontrer que le « vrai » capitalisme ne contient pas cette mortifère course au profit que l'on nous impose depuis deux siècles ?

Prenons un exemple précis :

Au début du 19e siècle, le capitalisme pouvait être tenu pour responsable de l'esclavage. À la fin du 19e siècle, l'esclavage était aboli, le capitalisme a continué à prospérer, ce qui signifie qu'il ne contenait pas l'esclavage dans sa logique fonctionnelle, et que l'esclavage était de la responsabilité des esclavagistes.

En est-il de même pour l'exploitation de l'homme, dénoncé par Marx, de la nature, par les écologistes ? La question mérite d'être posée.

En fait, le capital est un concept fondamental. Le capital financier n'en est qu'un petit exemple parmi une multitude d'autres. Être contre le capital, c'est comme être contre l'électricité ou la gravitation. Par contre, ce qui est justifié, c'est d'être contre une mauvaise utilisation du capital, c'est-à-dire une utilisation qui ne profite pas au bien commun. Le particulier ne produit aucun capital, il ne produit même pas sa propre vie. Le capital vient toujours du commun et ne se justifie que si, à terme, il y retourne.

Ce qui est justifié, c'est d'être contre la captation, le détournement du capital par quelques-uns pour quelques-uns. Le seul moyen de rendre cette captation impossible est de séparer propriété privée et propriété économique, capital personnel et capital de l'entreprise.

Le moins-disant social, culturel, écologiste, humaniste, de la compétition planétaire du tous contre tous imposée par la logique fonctionnelle d'une économie dite « libérale » ne serait qu'un moindre mal comparé aux richesses produites. De toute façon, la question ne se poserait pas puisqu'il n'y aurait aucun autre système possible.

La liberté de penser, c'est, évidemment, la liberté de penser différemment. Pour ce « libéralisme », il n'est pourtant pas question de penser à une économie différente ; bien sûr, on reste libre de penser à des tas d'autres choses que l'économie. Sauf que l'économie domine de plus en plus et bientôt le moindre recoin de la vie ; dans ces conditions, penser à autre chose, sans penser à une économie différente… essayez donc pour voir !

À l'opposé de cette économie politiquement correcte, il y a tous ceux et celles qui, ne sachant quoi penser, ne sauraient que grogner, trépigner, éructer, se plaindre, s'exaspérer, s'angoisser, et, pire que tout, frayer avec les extrémismes, se replier sur un passé « à jamais révolu », bref, ralentir la marche triomphale de l'économie. La caricature du peuple infantile, voire coupable, est de nouveau à la mode.

Dans certaines hautes sphères intellectuelles, il semble plus rationnel de changer le peuple (en l'éduquant), que de politique !

Le paradigme qui nous a amenés à considérer l'économie comme une sorte de guerre pacifique, de guerre civilisée, se révèle, d'année en année, de moins en moins civilisé, de plus en plus destructeur.

Et si l'on se préoccupait plutôt de changer la structure intellectuelle dans laquelle s'inscrit notre vision du monde ?

Nous n'avons pas besoin d'une nouvelle politique, parce que nous avons besoin de beaucoup plus qu'une nouvelle politique.

Nous avons besoin d'un nouveau souffle historique, d'une nouvelle geste civilisatrice, car celle du 19e siècle a atteint ses limites, les a largement dépassées, s'est retournée contre l'humanité qu'elle prétendait servir.

Dans ce 21e commençant, c'est de la synthèse entre les solutions d'une techno-écologie et une économie ayant intégrée dans ses règles fonctionnelles la préservation de l'environnement sur le long terme et la qualité de la vie humaine, c'est seulement d'une telle synthèse et d'un engouement largement partagé pour une nouvelle espérance civilisatrice inspirée des valeurs humanistes et écologistes que naîtra ce nouveau paradigme, cette nouvelle vision du monde qu'intuitivement redoutent tous ceux qui se sont tellement identifiés à l'ancienne qu'il leur sera probablement impossible d'évoluer vers ce nouveau projet de société, ce nouvel élan civilisateur.

Liberté, égalité, communauté, semble devenu un hymne à la mode. Le communautarisme donne de la voix, a le vent en poupe, ne manque pas d'adeptes ; et c'est bien normal, à priori, aucun sucre n'a envie de se fondre dans l'eau, de s'y dissoudre jusqu'à disparaître. C'est le climax de la singularité contre le clinamen épicurien, mais plus encore, c'est la contradiction psychologique que permet le groupe, le clan, la tribu, la communauté : là où l'on s'attendrait à de l'introversion, dans un entre-soi sécurisant, c'est l'extraversion revendicatrice qui prime, chacun sortant de lui-même parce que se sentant fort de la force du groupe.

Combien de générations a-t-il fallu pour que les communautés burgondes ou wisigothes deviennent si oublieuses d'elles-mêmes, si mélangées à d'autres, que ce fut à une communauté bien différente et plus grande que s'attachèrent leurs sentiments d'appartenance ?

Et tout est là, en fait, dans ce sentiment d'appartenance qui fait que l'objectivité biologique se dissout ou pas dans la subjectivité sociale qui s'exprime par un nous bienfaisant, parce que faisant de l'autre un autre moi-même, un moi différent d'apparence, mais même d'essence, et qui, par un subtil jeu de miroir culturel, me regardant, se voit suffisamment lui-même pour que le nous soit l'immédiate évidence d'une appartenance commune ; alors que l'étranger, c'est cet autre trop différent pour qu'apparaisse un «nous», alors ce sera «eux». Le racisme n'étant que l'exacerbation pathologique de cette distanciation socioculturelle. La frontière mentale entre l'acceptable différenciation et l'exclusion maladive est plus souvent franchie dans un climat communautariste qui légitime l'agressivité d'un activisme politique au nom d'une conquête de droits sociaux, sans y voir le danger d'une régression civilisationnelle accentuant la faiblesse d'un universalisme trop souvent pris, par ailleurs, en flagrant délit d'une hypocrite realpolitik où argent et intérêt bien compris ne font même plus l'effort d'une apparente préoccupation humaniste.

Dans ces conditions, combattre l'hypocrisie d'une politique qui déshumanise les rapports sociaux et sape le sentiment d'appartenance sera plus efficace que combattre un communautarisme qui n'est que le symptôme, un parmi d'autre, d'un déficit démocratique, d'une dévalorisation de la relation humaine au profit de la relation marchande, d'une incapacité (volontaire, inconsciente, structurelle... au fond, peu importe) à partager les clés culturelles qui permettent à l'autre de voir en moi un nous, au-delà des différences apparentes ; de permettre une libre singularité de chacun qui ne s'oppose pas à la commune volonté de tous, socle de toute société démocratique.

Prétendre lutter contre le communautarisme, le radicalisme, l'intégrisme, c'est faire le jeu, peu ou prou, d'un autoritarisme qui confondra de plus en plus violence d'état avec justice sociale, revendication citoyenne avec trouble à l'ordre public, ordre sécuritaire avec sécurité des citoyens, et s'éloignera, inexorablement, des principes démocratiques, des valeurs humanistes, jusqu'à criminaliser toute velléité d'opposition devenue complot contre les intérêts supérieurs d'une nation tout entière incarnée par une instance seule détentrice de la vérité.

Contre les virulentes oppositions des uns et des autres, légitimement sociales ou artificiellement politiciennes, la démocratie, humaniste, respectée parce que respectueuse, n'aura jamais de meilleures armes que l'éducation, la culture, la socialisation du plus grand nombre, idéalement de tous, sauf à se trahir elle-même. Plus d'écoles, moins de prisons, restera, de génération en génération, la seule direction possible pour une démocratie réelle.

L'utopie n'est pas la naïveté irréalisable de doux rêveurs qui ne tiennent pas compte des réalités concrètes de la vie en société.

Mis à part les vrais doux rêveurs, tout le monde sait que telle ou telle utopie n'est pas réalisable dans les années, les décennies à venir, et peut-être jamais. Alors, pourquoi ne pas être tout simplement pragmatique et se contenter de gérer la société au jour le jour ?

On sait l'utopie irréalisable dans son intégralité, dans sa perfection, mais on sait aussi qu'elle est en partie réalisable, que ce n'est pas un rêve, comme d'aller dans les autres galaxies, au fin fond de l'univers. L'utopie, en fait, n'est ni un but à atteindre ni un rêve inaccessible, c'est une boussole qui indique la bonne direction sur le long terme. L'utopie ne remplace pas la préoccupation du quotidien, elle la transcende en donnant sens à l'effort individuel, à l'action collective.

L'utopie, c'est la différence entre survivre et vivre. Bien sûr, avec ou sans utopie, vivre c'est toujours vivre, marcher c'est toujours marcher ; et pourtant, marcher sans savoir où l'on va, ou connaître le sens que dessine chaque pas, ce n'est pas tout à fait pareil.

On n'accorde pas suffisamment d'importance à la spatialité de la vie. La vie se déploie dans des espaces ; plus elle est évoluée, plus ils sont nombreux, s'entremêlent, se recoupent, se superposent. Grossièrement, on peut, pour la vie humaine, en définir trois grands qui se subdivisent selon les particularismes de chacun : le physique, le mental et un entre deux, l'émotionnel.

Chaque espace a sa frontière, qui le limite autant qu'elle circonscrit et révèle à lui-même, à d'autres, la cohérence qu'il contient et qui transcende les éléments de ce qui ne serait qu'un ensemble hétéroclite, pour devenir « sujet », « individu », « personne » ; ou « région », société », « pays ».

Il est donc important de réfléchir et comprendre la notion de « frontière », de réfléchir à sa fonction et d'en comprendre la nécessité. Loin de se limiter à la réputation sulfureuse de sa caricature guerrière, elle est avant tout garante de la richesse que constitue l'ensemble des altérités et en favorise le partage ; car la frontière n'est pas un mur, elle est poreuse, c'est une de ses propriétés. Du point de vue de la vie, de la nécessaire optimisation de ses échanges, la frontière a donc plusieurs fonctions essentielles pour sa pérennité. Ainsi, l'abolition des frontières n'augure pas la naissance d'un monde meilleur, mais d'un ensemble plein d'objets, vide de sujets. Comment rencontrer l'altérité sans un contour définissable ? Comment se définir soi-même si l'on n'aperçoit pas sa finitude ? Sans la frontière qui garantit l'altérité, on ne va pas vers un monde meilleur, mais standardisé. Ce n'est plus un autre, ailleurs, au-delà d'une frontière, mais le même partout. Ce n'est plus l'échange qui permet de s'enrichir de l'autre, mais l'appauvrissement de la consanguinité. On ne part plus à la découverte de l'autre, mais à la redondance de soi-même.

Partir au bout du monde pour s'asseoir dans la même chaise en plastique, en terrasse du même commerce, pour boire la même boisson, ce n'est pas un monde meilleur, mais la terrifiante réification de la vie.

La dichotomie « tout état contre tout privé » représente la grande erreur politique des temps modernes. Le public et le privé se regardant en ennemis ne voulant rien d'autre que prendre la place de l'autre, ou, au minimum, la réduire au maximum, correspond à une période historique révolue : celle d'une idéologie qui prétend avoir la vocation de prendre en charge la totalité de la société, ou tout au moins, l'essentiel.

Pourtant, les sciences humaines ont suivi le grand mouvement progressiste des sciences et des techniques du 20e siècle et ont démontré l'indispensable complémentarité des deux anciens frères ennemis, mais la pensée politique n'en a pas profité, préférant rester dans sa vision dualiste simpliste, parfaite pour fournir des slogans racoleurs aux deux faux adversaires.

Mais cette inadéquation entre discours politique et réalité sociale n'a qu'un temps et la société, dans son ensemble, sent bien que le compte n'y est plus, que les vieilles recettes politico-économiques sont obsolètes, que la démocratie est orpheline d'une pensée structurante et les populismes de tous bords guettent cette défaillance pour prendre un pouvoir laissé en jachère.

Dans cette situation, c'est la démocratie elle-même qui est en jeu et qui pourrait ne pas survivre à cette double absence : une meilleure compréhension de la complexité sociale, une perspective. Pour cela, il ne faut évidemment pas compter sur l'ancienne garde politicienne et encore moins sur une technocratie aussi pétrifiée dans son conformisme que bêtement certaine de sa supériorité. C'est d'une nouvelle génération, s'inspirant des sciences humaines, consciente de l'urgence écologique d'un nouveau rapport avec la nature, repensant l'humanisme à l'aune du 21e siècle, c'est d'un nouveau sentiment de responsabilité que viendra une nouvelle pratique de la démocratie, celle qui abandonnera le trop simpliste et faux dualisme, celle où l'obstination idéologique sera remplacée par la volonté d'agir pour le bien commun.

Loin d'être remis en question, malgré tous les signaux d'alarme (sociaux, économiques, écologiques), le productivisme reste l'horizon indépassable de la politique économique, et réarmant après chaque tempête le navire « progrès », il ajoute à la séduction de son message progressiste de surconsommation l'auréole de ceux qui renaissent de leurs cendres.

Cela se traduit dans les faits par une société plus généralement tournée vers la quantité, la puissance et la possession, plutôt que la qualité et le partage ; par une société s'autojustifiant sans cesse par la sacro-sainte rentabilité qui elle-même justifie tous les types de viols : des consciences, des corps, de la nature.

Viol des consciences, par l'action manipulatrice d'une subtile désinformation donnant le sentiment d'être dans une société très évoluée puisqu'elle produit des objets très évolués, alors que la vraie évolution est toute incluse dans les potentialités humaines dont ne profite qu'une minorité privilégiée. Subtile désinformation donnant l'illusion de participer à une civilisation où règne la démocratie, où le pouvoir de vote est à tous, alors que le pouvoir de décision reste à quelques-uns…pas toujours élus.

Viol des corps, par surtension nerveuse, s'ajoutant à d'autres excès ou lacunes responsables de la majorité des maladies courantes.

Viol de la nature. On condamne, à raison, les sociétés plus ou moins autoritaires, en égrenant la liste de leurs crimes ; mais qui pille les richesses naturelles et anéantit les espèces animales et végétales ainsi que les ethnies qui ne jouent pas le jeu du progrès ? Et qui élève dans des univers concentrationnaires des espèces domestiques ?

Malgré tous les maux qu'il entraîne, ce style de vie constitue la norme ; mais il est surtout le symptôme d'une société qui a perdu la maîtrise d'elle-même et qui ne peut plus contrôler les processus qu'elle crée.

L'organisation politico-économique du monde est progressiste, c'est vrai ; mais qu'est-ce qui progresse ? Comprend-on vraiment ce que cache cette expression que l'on retrouve dans la bouche de tous ceux qui ne veulent pas décevoir leur auditoire, tout en affirmant défendre des thèses différentes, voire opposées ? Ne devient-il pas nécessaire d'affiner les analyses, d'éclaircir le sens des mots que l'on prétend servir, et d'aller plus loin encore en indiquant leurs places dans sa propre hiérarchie des valeurs ?

Le progrès est essentiellement une croissance de la possibilité d'action sur la nature, grâce à une meilleure compréhension des lois qui la régissent. Cet accroissement, qui engendre une plus grande rigueur dans la pensée, doit pouvoir s'exprimer par une plus grande exactitude dans l'action ainsi que par la prédétermination des êtres, matière vivante ou non.

Ceci pourrait constituer, disons, l'a priori de départ ; les conditions sine qua non en deçà desquelles on ne peut pas vraiment parler de progrès. Mais s'en tenir là, c'est déshumaniser la notion de progrès, c'est réduire la noblesse du terme à un simple phénomène d'amplification.

Du point de vue qui est le nôtre, banalement humain, le mot doit contenir une connotation particulière liant le phénomène d'amplification à l'amélioration d'un cadre de vie devant permettre l'épanouissement des spécificités proprement humaines, car le progrès, s'il est toujours croissance, suppose un mieux et pas seulement un plus. Un progrès, ce n'est pas vraiment un progrès si ce n'est pas une réponse adéquate aux besoins de l'homme, étant posé que ses quêtes éthiques, esthétiques, intellectuelles, spirituelles, font partie de ses besoins fondamentaux et ne saurait donc être négligées par une politique qui se veut progressiste.

La banalité du mal est un concept universel, aussi présent en temps de paix qu'en temps de guerre, on peut la déceler dans nos sociétés dites démocratiques, libérales, progressistes, pacifiques…

Dans nos sociétés, la banalité du mal peut commencer avec l'achat d'un produit à très bas prix ; un achat réalisé en toute bonne conscience : pourquoi n'aurai-je pas bonne conscience ? Je ne l'ai pas volé, je l'ai acheté et en plus j'ai fait une bonne affaire !

À l'autre bout de la chaîne économique qui enserre le monde dans sa logique productiviste, à l'autre bout de la bonne affaire, des millions de vies misérables produisent des millions d'objets désirables. Le consommateur dont il s'agit ici est le ravi de la crèche capitaliste : toujours content d'acheter, jamais soucieux de ce qu'il faut de malheur là-bas pour faire un bonheur ici.

Dans une société largement dominée par l'économie, la banalité du mal commence par la banalité de l'achat : un acte si quotidien, si obligatoire, si normal, si banal, donc, qu'il ne mérite aucune réflexion, aucun questionnement. La bonne affaire n'est pas quelque chose qui se pense ; on fait ses courses, on fait les boutiques, sans penser. La pensée est réservée à des activités plus nobles : une pièce de théâtre, un film, un livre, mais l'achat d'un objet s'enveloppe de cette inconscience qu'est la non-pensée ; ce n'est pas « pas vu, pas pris », c'est « pas pensée, pas coupable » : banalité de l'innocente complicité passive.

Plus on s'éloigne de la conséquence de ses actes, plus on s'éloigne de son humanité et plus on se rapproche de ce qu'Hannah Arendt appelle « la banalisation du mal ».

L'essence de l'humanité n'est pas humaine, dans le sens de singulière à l'humain, elle est universelle, car c'est celle du vivant, et l'essence du vivant est dans ce sentiment de proximité qui permet de reconnaître l'autre comme un autre soi-même. C'est grâce à cette proximité que peut se jouer le jeu de la vie ; c'est grâce à cette proximité que peut s'épanouir l'humanité de l'humain.

Souvent revient l'incompréhension face à une société cultivée qui se déshumanise, qui cède à la barbarie ; mais c'est que l'on part d'une idée fausse : la culture humanise l'humain. L'humanité de l'humain est potentielle, mais naturelle ; la culture, dans sa meilleure part, révèle son humanité à l'humain, mais n'en est pas l'origine. Ainsi, un manque de culture ne peut en aucune façon permettre d'en déduire un manque d'humanité, bien au contraire, l'orgueil culturel, poussé à l'extrême, peut être le terreau de toutes formes de barbaries. Plus on s'éloigne de la conséquence de ses actes, plus on s'éloigne de son humanité ; mais seulement dans son comportement, pas dans sa nature : psychologiquement, l'humain à la capacité de rompre avec cette capacité naturelle qui relie le vivant au vivant. Dans cette affaire, la culture est la langue d'Ésope de l'humanité, on doit la promouvoir, on peut la célébrer, jamais l'aduler.

Du point de vue politique, la grande leçon à considérer collectivement est la nécessité de ne pas structurellement trop éloigner chacun de la conséquence sociale de son activité individuelle, par souci excessif d'organisation, de spécialisation, d'efficacité, de rentabilité. C'est tout l'enjeu d'un questionnement sur la responsabilité écologique et sociale des entreprises publiques et privées.

De même qu'il n'y a pas d'un côté l'espace et de l'autre le temps, parfaitement séparés, comme on l'a cru pendant des millénaires, de même on ne peut plus faire comme s'il y avait d'un côté l'économie et de l'autre le social, qui seraient deux réalités, deux dimensions, sinon séparées dans la société, du moins séparable dans la théorie.

De même que les physiciens ont repensé l'univers à travers le concept de spatio-temporalité, nous devons accomplir la même prouesse et penser le monde selon le concept pluridimensionnel d'éco-socialité. C'est-à-dire une pensée capable d'apprivoiser la complexité sans avoir besoin d'en séparer les éléments qui en forment la trame ni en favoriser un au détriment des autres ; aucun n'ayant à lui seul les clés de la compréhension du monde, et donc les règles de son organisation.

Bien sûr qu'il faut conserver. Il faut conserver la nature, c'est-à-dire le peu qu'il nous en reste ; il faut conserver un patrimoine matériel et immatériel pour lequel le monde nous visite avec avidité et grâce auquel nous comptons encore un peu plus que le 0,9 % de notre population proportionnellement à celle du monde.

Il faut évidemment conserver les progrès sociaux acquis au fil des décennies depuis trois siècles ; il faut conserver surtout l'idée que le progrès qui ne fait pas progresser l'humanisation de la société n'est pas un vrai progrès. Qui a dit que le conservatisme était de droite ?

Bien sûr, tout ne doit pas être conservé. Ainsi, ne faut-il pas conserver l'idée que le conservatisme consiste obligatoirement à refuser l'avenir pour fixer le présent dans le passé ; ainsi de même que s'est développé un libéralisme de « gauche », doit s'affirmer un conservatisme de gauche qui ne serait ni dans le pathos passéiste du conservatisme de droite ni dans la béatitude futuriste du progressisme libéral, mais refuserait un avenir qui sacrifierait les progrès humains du passé au nom d'un progrès scientifique, technique ou économique.

Un conservatisme de gauche qui préfère le qualitatif « encore mieux » au quantitatif « encore plus ».

L'économisme, c'est quand l'économie ne se contente plus d'être « gestionnaire des échanges », mais, forte de ses analyses, riche de ses statistiques, consciente de son pouvoir quasi dictatorial, se veut, s'affirme, s'institue descriptrice de la réalité humaine, prescriptrice de l'unique politique possible.

Ainsi, le problème de la société contemporaine n'est pas, comme au 19e siècle, les excès d'un capitalisme sauvage, mais l'économisme. C'est à s'être trompée d'adversaire, ces dernières décennies, que la « gauche » doit, un peu partout en occident, son recul, voire, dans certains pays, sa marginalisation avec des scores électoraux autrefois réservés aux « petits partis ». L'économisme, c'est donc lorsque l'économie a l'impression d'être la science opérante qui s'affaire à déterminer des certitudes et regarde du haut de sa perfection mathématique le verbalisme politique ; mais c'est ignorer, faire semblant d'ignorer, que le nombre économique ne signifie rien par lui-même et n'exprime une vérité, ne décrit une réalité, n'induit une action que dans le contexte étroit d'un jugement par rapport à des valeurs autres que seulement économiques (éthiques, écologiques, culturelles, sociales…) et que seul l'exercice politique démocratique peut fédérer en une action collective efficace.

Le populisme, c'est la politique sans la philosophie moins les sciences humaines. C'est la réponse à tous les problèmes sans l'effort de leur compréhension. C'est la pensée magique du « il n'y a qu'à » qui tient lieu de « programme » et assure la réussite du tribun à la mesure d'une adhésion populaire où la réflexion n'est plus d'actualité puisque les « coupables » sont connus, puisqu'il suffira de les remplacer pour qu'enfin se réalisent les vœux de chacun.

Mais ne nous y trompons pas ; ce n'est pas le discours économique sur le manque d'argent ou le discours social sur le trop de migrants qui permet la réussite du populisme, c'est le manque de vrais choix politiques et le trop d'économisme.

La communication tend à remplacer la transmission ; le passé qu'il était important de transmettre est de plus en plus marginalisé, dépassé par un présent qu'il est urgent de communiquer. L'informatique semble prête à achever la réalisation de l'utopie marchande de l'économisme, l'uniformité du monde : un espace existentiel sans alternative, et donc sans politique, un temps sans passé, et donc sans histoire, où l'éphémère est appelé à se renouveler sans cesse, pour créer cette sorte d'éternel présent qu'est le progressisme, dernier avatar politique du modernisme.

L'attrait pour la nouveauté est un trait psychologique qui favorise incontestablement l'essor de l'économie, mais c'est simplifier outrancièrement l'humanité que de l'y réduire à seule fin de satisfaire l'insatiable dynamisme où chaque individualité (on ne parle plus de « citoyen », celui-ci ayant des droits que le marché ne connaît pas) est effectivement libre de s'épanouir comme bon lui semble, à condition que ce soit en développant une économie qui évoluera selon des règles toujours plus « néo », toujours plus « ultra », toujours plus se libérant de ses entraves pour un monde toujours plus neuf.

Le désir intellectuel de l'appréhension globale de l'univers humain n'est pas une simple curiosité. Il est le signe d'une nécessité politique, celle d'acquérir une vue d'ensemble de la complexité sociale qui, seule, peut permettre de ne pas avancer à l'aveuglette, de ne pas s'enliser dans les détails, de ne pas se satisfaire de réussites aussi précaires que partielles.

La vraie paresse, qu'il ne faut pas confondre avec l'indolence ou la fainéantise, est la marque de l'esprit réconcilié avec lui-même, le monde et la vie.

Contemplative : elle rime avec sagesse.

Économe : entre deux efforts, elle choisira le moindre.

Pacifique : elle préfère l'art de l'esquive à celui de l'attaque.

Écologique : elle s'accommode avec sa nature, plutôt que de la contrarier.

Prévoyante : elle ne se risquera pas d'aller sans être sûre de revenir.

Cultivée : elle connaît les chemins les plus courts.

Contemplative, économe, pacifique, écologique, prévoyante, cultivée ; voilà tous les vilains défauts de la vraie paresse… du point de vue d'une société d'hyperconsommation cultivant les vraies valeurs : activisme, gaspillage, compétition sans foi ni loi, ni fin ; pollution, imprévoyance, et en guise de loisirs, médiation de la vulgarité.

Se retrouvant isolé dans ce désespérant face-à-face : un seul cerveau, des milliers de livres... On ne peut que se désoler devant l'évidence, tout n'a-t-il pas été pensé ? qu'ai-je à faire dans cette galère ? Mais reprenant contact avec le monde contemporain, le bruissement de la multitude d'informations, opinions, commentaires, explications manichéennes, analyses partielles, affirmations arbitraires, subjectives, partiales, sémantiques faussées, rhétoriques trompeuses, logiques pseudo-rationnelles imitant le discours scientifique ; reprenant contact avec la logorrhée populaire, la logomachie élitiste, la météo intérieure s'éclaircit, car une évidence s'impose, prendre sa petite part de l'acte philosophique est plus nécessaire que jamais : participer à l'élaboration d'une boussole pour s'orienter dans cet espace culturel chaotique.

Le procès du citoyen pour incompétence, c'est le procès à peine déguisé de la démocratie. Le discours, toujours le même, est d'ailleurs, en apparence, parfaitement rationnel : L'expert sait, le citoyen ne sait pas ; il est donc logique de s'en remettre à l'analyse de l'expert plutôt qu'au sentiment subjectif du citoyen. Mais le beau discours pèche par là même où il se sent fort : la rationalité, la logique, la connaissance ; car l'histoire montre, par cent exemples, que l'expert se trompe bien trop souvent pour prétendre servir d'étalon à la vie quotidienne du citoyen, et pour ce qui est de la connaissance, 2+2 ne font jamais 4 pour tous les experts, et l'on ne parle évidemment que des experts « honnêtes », une espèce difficile à localiser précisément, car pour cela il faudrait être expert en experts et être sûr de ne pas se tromper.

Le procès du citoyen pour incompétence est donc devenu (il l'a toujours été un peu) le réflexe de Pavlov des politiques, procès encouragé par des médias qui se sentent plus à leur place à la table des experts qu'au chevet des citoyens.

Le citoyen incompétent, c'est une évidence, c'est même une tautologie. Le citoyen est « par nature » incompétent en dehors de son domaine professionnel et de ses activités de loisirs et ça n'a aucune importance, car son « rôle de citoyen » n'est pas de trouver des solutions, il est expert de sa vie et ça suffit du point de vue démocratique à le rendre crédible, c'est-à-dire digne d'exprimer son opinion à partir de son expérience personnelle ; voilà pourquoi la démocratie, cette « utopie populaire » ne sera jamais disqualifiée par une expertocratie qui, de conseillère du prince, se verrait bien sur le trône.

L'identité est un mystère, qu'elle soit individuelle ou sociale. IL y en a même deux :

D'abord, tout le monde en a fait l'expérience, elle est comme le temps, dont on sait précisément de quoi il s'agit jusqu'au moment où il faut trouver les mots pour le définir. L'identité ne se montre qu'à travers la caricature : on grossit telle ou telle particularité, qualité ou défaut, et l'on obtient une grossière simplification qui tient lieu « d'identité » ; et dès que l'on veut affiner le trait, on le perd.

Le deuxième mystère tient au fait que cette identité n'est jamais identique à elle-même, et pourtant, elle se reconnait toujours. Le français du 16e siècle n'a pas grand-chose en commun avec celui du 21e ; les croyances, la manière de vivre, même la langue a changé, et encore, pour ceux qui la connaissaient, car on parlait surtout la langue régionale. Et pourtant, le français est resté français, il n'est pas devenu italien, espagnol, allemand ou anglais, ni même américain, et ce n'est pas faute d'avoir essayé ces dernières décennies.

Les mœurs changent, et justement, ils sont trop volatiles pour tenir lieu d'identité ; ils ne sont que l'écume d'un même océan culturel que la mémoire fige et attache indissociablement à une même langue et un même territoire.

Pourtant, du point de vue psychologique, le territoire, la langue, la culture ne suffisent pas, encore faut-il y ajouter ce sentiment d'appartenance qui ne s'apprend pas, qui se ressent ou pas, l'identité étant à la fois affaire de tête et de cœur.

Europe or not Europe ? En fait, la question n'est pas si simple. L'Europe est un véhicule dont nous ne pouvons pas sortir complètement, étant donné le niveau d'interdépendance des états européens.

L'Angleterre sort, effectivement, à grand fracas médiatique, par la porte… et rentrera, autant que possible, ces prochaines années, par toutes les fenêtres restées ouvertes, puisque l'Europe continentale représente 60 % de ses échanges.

La question n'est pas juste : « rester ou sortir » ; en réalité, plusieurs questions se posent, et il faut d'abord repérer la bonne !

Le véhicule Europe ne fonctionne pas correctement, ça, au moins, c'est sûr. Mais pourquoi ? Défaillance humaine ? Défaillance technique ? Mauvaise conception ? Mauvais matériaux ? Ou mauvaise gouvernance ayant pris une mauvaise direction ? Est-ce réparable ? Doit-on changer quelques pièces ? Doit-on tout refaire ? Doit-on abandonner l'idée même d'une organisation continentale, plus ou moins économique, sociale, culturelle, écologique, et donc peu ou prou politique, ou serait-ce mieux de partir à la nage vers l'Amérique ? Ou marcher sur la route de la soie pour rejoindre la Chine ?

Le matériau qui était censé solidifier la structure du véhicule Europe, c'est l'euro ; vingt ans plus tard, c'est peut-être le moment d'en faire une analyse sérieuse ; non pas voter « pour ou contre », au doigt mouillé, selon le sens du vent politico-médiatique, mais se donner les moyens d'un vrai bilan.

En fait, un audit général s'impose, pour enfin savoir, autant que possible, si l'on choisit, par un référendum, de continuer à faire cause commune, ou si l'on préfère faire bande à part.

Rien ne prouve qu'il y aura encore des démocraties au 22e siècle. C'est le partage des pouvoirs et des richesses qui inscrira la démocratie dans le long terme, celui des siècles, et d'abord, évidemment, le partage de « l'idée démocratie », et surtout de la potentielle universalité de ses variantes adaptées à chaque culture.

Rien ne prouve qu'il y aura encore des démocraties au 22e siècle parce que la démocratie n'est pas la gestion des affaires courantes d'une société consumériste définitivement ordonnée par les lois de l'économie où les seules préoccupations humaines seraient d'acheter, de produire ou de vendre. La démocratie n'est pas l'objectif statique magnifié et statufié vers lequel tendrait une dynamique sociale, elle est cette dynamique ; elle n'est pas dépassement du désordre vers un ordre fantasmé, sublimé, d'entente générale. Elle est ce qui, à partir d'un désordre relatif, produit des ordres éphémères.

Le désordre relatif est la condition de tous les possibles, et donc de tous les ordres possibles. L'ordre ne peut créer l'ordre, seul le désordre est potentiellement créateur. L'ordre ne peut que se reproduire et se voulant modèle de lui-même s'emprisonne dans son passé alors que tout continue à bouger, à changer, jusqu'à n'être plus qu'un mort au milieu des vivants, c'est-à-dire le seul à ne pas savoir qu'il est mort ; tel est le destin de tous les ordres autoritaires, petits ou grands, se furent-ils parés de quelques vertus démocratiques.

La dramaturgie manichéenne sera toujours plus spectaculaire et séduisante que l'imparfait compromis, l'utopique consensus. Mais la vraie utopie est de croire à la fin de l'histoire, que cette fin serait le dernier combat du camp du bien contre le camp du mal, et que le camp du bien, évidemment le sien, triomphera ; qu'il n'y aura plus besoin de se soucier de politique, de démocratie, de rien, puisque tout ira bien, définitivement ; bien sûr, en attendant, ne reste plus qu'à trouver le héros dont on suivra la bannière jusqu'à la victoire. Mais, de victoire finale, il n'y aura point, car ces combats épiques sont l'affaire des légendes, pas des réalités quotidiennes des peuples.

De plus en plus s'expriment des déceptions, une désillusion : la démocratie n'aurait pas offert aux uns et aux autres les résultats espérés, les solutions aux problèmes de chacun, de chacune, de chaque groupe, de chaque communauté, de chaque société, bref de tous ; preuve que la démocratie, ça ne marche pas, preuve qu'il faut d'urgence essayer autre chose. Mais la désillusion ne vient pas de la démocratie ; évidemment des politiques, mais tout autant de l'ignorance des uns, de l'irrationnelle illusion des autres.

Ignorance de ce qu'est une démocratie (certainement pas un simple mode de désignation d'un « chef » par un vote) ; ignorance de ce qu'elle permet, ce qu'elle offre, ce qu'elle ne promet pas (certainement pas de « résoudre » les problèmes des sociétés humaines une fois pour toutes).

Irrationnelle illusion que la démocratie soit une sorte de remède aux dysfonctionnements des sociétés, de bouclier protecteur pour les individus. Rien de tout cela ne correspond au mot « démocratie ».

La démocratie est une boite à outils à l'utilisation libre, pour chacun, et donc tous. Le « démos », le peuple, le « cratos », le pouvoir ; de quoi est-il question ? De voter pour un individu, un parti qui va résoudre tous les problèmes ? Mais à quoi servirait au peuple d'avoir le pouvoir, s'il suffisait de désigner un sauveur ? Non, le pouvoir dont il est question, en démocratie, c'est le pouvoir d'agir, certainement pas le minuscule pouvoir de désigner un chef qui résoudra les problèmes du peuple à la place du peuple.

Telle est la démocratie ; elle ne déçoit jamais les peuples qui agissent, uniquement ceux qui, par ignorance et irrationnelle illusion regardent en spectateurs le combat des chefs, en s'imaginant que le plus fort résoudra tous leurs problèmes. L'histoire montre qu'il n'en a jamais été ainsi ; je ne parierai pas qu'à l'avenir, ce sera différent.

Pour moi, les campagnes électorales ont toujours été un peu des « jours de fête ». J'ai toujours été sensible à cette ébullition, cette effervescence. Bien sûr, c'est toujours un peu la même chose, mais les westerns aussi et les films policiers, et Noël, n'est-ce pas toujours un peu la même chose ?

Mais la vraie raison, c'est que ce sont les seuls petits moments, genre « trêve des confiseurs », où l'on n'est pas traité comme des clients râleurs, consommateurs pigeons, travailleurs exploités, retraités trop jeunes, salariés trop coûteux, pauvres trop assistés, minorités invisibles trop voyantes, malades trop soignés, fonctionnaires trop nombreux, syndicalistes trop gauchistes, S.D.F. trop mendiants, vieux trop dépendants, chômeurs trop paresseux…

Non, rien de tout ça en ces jours de grâce politique où, enfin, on va être caressé dans le sens du poil citoyen.

Pauvreté et richesse sont toujours les principaux « marqueurs » de la politique.

Soit, l'on regarde la pauvreté et la richesse comme des données économiques, c'est-à-dire sans aucun jugement moral, et l'on est alors conduit simplement à en tenir compte dans la gestion du système (plus ou moins d'allocations, plus ou moins d'impôts). Dans cette vision, pauvreté et richesse sont des faits naturels, comme le soleil et la pluie.

Soit, l'on considère la pauvreté et la richesse excessives comme un scandale social, et s'impose une mise en accusation de l'ensemble des règles qui organisent le partage des richesses.

Il y a eu, par rapport à l'esclavage, ces deux mêmes interprétations : données économiques, scandale social. Quelle est la vision la plus progressiste, du point de vue humaniste ? Doit-on se contenter de gérer l'esclavage ? Ce qui revient à dire : il faut que les esclaves soient traités selon les règles d'une bonne gestion économique ; ou encore : il faut qu'ils soient mieux traités. Ou doit-on abolir l'esclavage, parce que c'est un scandale social ?

Doit-on alléger les chaînes, ou les briser ?

Doit-on donner des allocations aux pauvres, ou doit-on éradiquer la pauvreté ?

Chacun, qu'il en ait conscience ou pas, se situe dans l'un ou l'autre des deux grands courants politico-économiques des trois derniers siècles : droite ou gauche ; données économiques ou scandale social.

Alléger les chaînes ou les briser.

On peut choisir de voter pour le plus sympathique, ou pour le plus pragmatique, réformateur, sérieux (généralement, le mot « sérieux » est employé quand on veut justifier le fait d'en donner le moins possible à ceux qui en ont le plus besoin...) ; mais ce n'est qu'une illusion de choix, pour une illusion de parti. La réalité est plus prosaïque : selon comme l'on considère richesse et pauvreté, on est de « gauche » ou de « droite ». Être de gauche aujourd'hui est en fait relativement rare, tant le discours libéral est devenu, pour la grande majorité, une vérité scientifique, un fait naturel contre lequel on ne peut pas grand-chose, à part, si l'on est de « gauche libérale », augmenter les protections sociales, comme on augmente la hauteur des digues, parce que c'est la seule chose à faire, puisque contre l'océan, personne ne peut rien.

Ainsi, être de gauche, aujourd'hui, cela ne veut plus dire, comme hier, vouloir briser les chaînes, mais, comme l'on « sait » que l'on ne peut pas les briser, essayer au moins de les alléger.

Tout le discours libéral a consisté, depuis des décennies, à remplacer la politique par l'économique ; la volonté d'action, qui est l'essence de la vraie liberté citoyenne, par un pseudo « savoir scientifique » qui, devenu la vérité révélée à une certaine élite, doit être imposé au peuple pour son bien, comme naguère, la vérité religieuse.

Les lois de l'économie esclavagiste avant-hier, de l'économie capitaliste hier, néolibérale aujourd'hui, ne sont pas imposées par la nature à l'humanité, mais par une minorité à une majorité.

La politique, la vraie, consistait à expliquer pourquoi on veut ceci ou cela ; et le peuple s'enthousiasmait, ou pas. Aujourd'hui, demain plus encore, la politique consiste à expliquer pourquoi on ne peut pas ceci ou cela ; et le peuple se résigne… ou pas.

Telle est la liberté selon le libéralisme : vous êtes libres de jouer, mais pas de changer les règles, et encore moins de changer de jeu.

Cela dit, pour aller plus loin que les mots, une réalisation socio-économique concrète, capable de s'inscrire dans la durée, est essentielle. Sans elle, un travail de réflexion sur une pensée humaniste pour répondre aux problèmes de la société autant qu'au questionnement de chacun ne sera qu'un ridicule utopisme de plus, un dilettantisme philosophique insupportable, étant donné la gravité de la situation sociale et écologique actuelle et à venir.

On parle beaucoup de la fin du travail pour tous, je pense exactement le contraire : que la fin du chômage et le respect de la dignité des salariés restent deux objectifs majeurs pour les prochaines décennies et que cela se réalisera avec le développement de la seconde mondialisation qui représentera l'ensemble des activités relevant de l'économie verte, l'économie circulaire, l'économie sociale et solidaire. La première initiative d'une politique allant dans ce sens pourrait être le remplacement de l'assurance-chômage par une assurance-formation qui garantira à chacun d'avoir toujours un travail ou une formation rémunérée, et donc un revenu minimum autant qu'une intégration sociale ; comme toute assurance, tout le monde y aurait droit, c'est son côté « universel », mais seuls ceux qui en auront besoin en bénéficieront, c'est son côté conditionnel. Le jour n'est peut-être pas si lointain où une myriade de robots permettra d'offrir un revenu universel à chacun ; Paul Lafargue, gendre de Marx, prédisait déjà, à la fin du 19e siècle, la journée de trois heures, à une époque où elle était plutôt de douze ; mais pour le moment, arroser toutes les plantes, celles qui sont dans l'eau comme celles qui sont en terre sèche, ne me parait ni réaliste ni même souhaitable.

La technique n'est pas l'ennemi de la démocratie, ni de la nature et de l'écologie.

Pour autant, elle n'est pas neutre, comme se plaisent à répéter à la manière d'un Mantra les progressistes irénistes. Pas neutre pour deux raisons principales. D'abord, elle appartient à ceux qui l'inventent, la commercialise bien plus qu'à ceux qui l'utilisent. Ces puissants propriétaires ne peuvent pas être qualifiés de « neutres ». Mais surtout, la technique s'insère dans un système en le modifiant toujours selon sa propre logique fonctionnelle, la technique ne s'adapte pas à son environnement, c'est l'environnement qui s'adapte. Le moteur à explosion ne s'est pas adapté au monde du 19e siècle, c'est le monde qui s'est adapté.

La technique n'est ni l'ennemi diabolique qui fait courir le monde à sa perte ni l'amie qui le sauvera. Elle ne doit être ni « aimée » ni « détestée », mais maîtrisée pour le bien du plus grand nombre, étant posé que la nature fait partie de ce bien.

Dans un monde aux milles techniques toujours plus complexes, au marché mondialisé toujours plus grand, à l'heure où les maîtres de l'entreprise et de la finance dominent des régions, conquièrent des empires, ils sont de plus en plus nombreux à franchir le Rubicon qui sépare pouvoir financier et pouvoir politique. Pouvoir de diriger une entreprise et droit de diriger un peuple, parce que couronnés de l'auréole de la réussite, et donc sachant obligatoirement mieux que lui ce qui est bon pour lui... Et d'ailleurs, n'est-ce pas de ce savoir que provient cette réussite ?

Mais la justification d'une « tentation féodale » n'est possible que si l'on confond consommateurs et citoyens, alors que l'essence même de l'action politique, en démocratie, est de ne pas les confondre, et plus encore, de protéger le citoyen des excès du consommateur.

Arguer d'une réussite financière comme preuve d'une « compétence supérieure », donnant droit à faire partie d'une élite dirigeante, c'est un coup de poignard intellectuel dans le contrat social ; un coup qui pourrait, dans les prochaines décennies, faire disparaître toutes les démocraties existantes dans le monde.

Une nouvelle classe sociale se met en place, armée de tous les privilèges, intellectuels, financiers, relationnels. Son but n'est plus la réussite économique, mais le pouvoir à la manière aristocratique : absolu, à vie, héréditaire ; constituant une force qui se croit éclairée, mais qu'aucune « main invisible » ne dirige dans la bonne direction, et qui continuera à conduire l'humanité de catastrophe en catastrophe, sociale, économique, écologique, sans préoccupation démocratique, sans préoccupation de l'avenir.

L'opposition nature/culture ne se discute plus tant son évidence s'impose à tous les amoureux de naturel, à tous les contempteurs d'une hégémonique technoscience.

En fait, c'est l'évidence du soleil qui tourne autour de la terre ; c'est évident, mais c'est faux.

Des insectes aux humains, la nature produit de la culture. On peut même dire que le sens de l'évolution naturelle, c'est de produire de plus en plus de culture. Mais avec l'espèce humaine, la nature semble avoir franchi un seuil : la culture lui parait plus proche de sa nature que la nature, ou plus exactement, elle identifie la culture comme étant sa nature. La culture est donc à la fois la production naturelle du groupe, et pour l'individu, un processus naturel d'identification, un sentiment d'appartenance à telle culture plutôt qu'une autre. La manichéenne opposition culture/nature est donc un manque de compréhension de l'union indéfectible, dans toutes les espèces, à fortiori la plus productrice de culture, du couple nature/culture.

Lorsqu'un groupe humain a déserté un endroit depuis quelques années, il est de coutume de dire que « la nature y a retrouvé ses droits » ; comme si la culture humaine s'était là encore opposée à la nature, et une fois partie, la nature a réinvesti l'espace laissé vacant. Mais tout cela est une vision à courte vue. Si, sur les côtes méditerranéennes, la taxifolia caulerpa quittait la région qu'elle colonise d'une manière particulièrement envahissante et sans aucun égard pour les posidonies moins guerrières, dira-t-on que « la nature a repris ses droits » ?

La nature, c'est avant tout un inextricable enchevêtrement d'oppositions où chaque espèce essaye de faire valoir « ses droits » ; l'espèce humaine aussi naturellement que d'autres est simplement devenue très envahissante.

Le but de l'écologie devrait être de trouver un modus vivendi équitable, et non de diaboliser une production culturelle technique, comme l'église diabolisait la science.

Pour mieux comprendre le paradoxe d'une préoccupation écologique médiatiquement omniprésente et d'une importance politique, économique, faible, on jette l'opprobre, habituellement, sur un système économique qui a inventé ses propres lois, entièrement au service d'une croissance censée améliorer la condition humaine, alors que celle-ci est dépendante de conditions naturelles que ce même système refuse égoïstement de prendre en compte dans ses lois qui s'imposent à toute l'espèce humaine.

Factuellement, la critique est évidemment parfaitement juste, largement prouvée depuis des décennies, mais insuffisante pour expliquer la si grande différence entre les faits, d'envergure planétaire et catastrophique, et la quasi-absence d'une vraie remise en question du modèle économique mondial contemporain, sinon à la marge, superficiellement, médiatiquement, à grand renfort d'intentions vertueuses…pour 2030, 2050, quand il fallait déjà agir hier.

Quand il faudrait déjà pouvoir faire un bilan des actions passées, on en est encore à parler des actions à venir !

Alors, qu'est-ce qui coince ? Sur quoi bute la conscience humaine contemporaine ? Sur une surévaluation anthropocentrique d'elle-même. Mentalement, culturellement, et donc dans nos comportements et nos lois, nous n'avons toujours pas accepté les conséquences philosophiques, métaphysiques, de la double révolution copernicienne et darwinienne : nous ne sommes pas au centre de la nature universelle, mais des microbes sur une poussière au fin fond d'un univers dont l'immensité évoque bien plus l'indifférence de l'éloignement que la sollicitude de la proximité, et la science, qui ne se lasse pas de lancer ses banderilles sur le taureau mystique, découvre de nouvelles planètes presque chaque jour dans un au-delà de notre horizon encore inaccessible, mais bien réel ; et déjà on soupçonne que la vie ne s'est pas contentée d'une poussière au fin fond du cosmos, et déjà, la question iconoclaste qui aurait valu le bûcher en d'autres temps, comme celui d'un Giordano Bruno, déjà la question se pose : et si, dans cette immensité temporelle autant que spatiale, il y avait, il y avait eu mille terres comme la terre, y a-t-il eu mille fils pour aller s'y sacrifier ? Ou un seul mille fois? La nature n'a pas été déposée là pour nous, qui sommes arrivés des milliards d'années après, et n'avons de personne reçu le droit de l'exploiter sans limites ad vitam aeternam, et s'il y a un miracle, c'est celui de la résistance de la nature à ce qu'elle subit.

Si le problème ne venait que d'une poignée de milliardaires et de multinationales, il ne serait pas aussi difficilement surmontable. Il vient de bien plus loin, de bien plus profond, et il est philosophique, métaphysique, existentiel, psychologique, anthropologique : quelle est la place de l'homme dans la nature, dans l'univers ? Exploitante parce qu'ontologiquement supérieure, ou participante, coopérative parce qu'inférieure, enfantée par des milliards d'années d'évolution, à partir du mystère insondable des origines ?

Ne pas confondre politique écologiste et écologie politique. Favoriser la production agricole Bio, investir dans l'isolation des logements, la voiture électrique, les transports en commun ; tout cela peut être fait dans le cadre productiviste du système économique actuel. On peut avoir une politique écologiste en achetant des panneaux solaires à la Chine, tout en laissant en jachère le parc industriel français dans ce domaine. Mais tout cela n'a rien à voir avec l'écologie politique, qui ne peut en aucune façon s'accommoder d'un productivisme vert. L'écologie politique est avant tout une proposition alternative à la croissance infinie dans un monde fini, à la financiarisation de l'économie, à la marchandisation de tous les aspects de la vie végétale, animale, humaine. Avant même d'être le choix d'une autre économie, c'est le choix d'une autre philosophie de la vie, où les biens matériels ne déterminent pas arithmétiquement le bonheur sur terre, où l'exploitation de la nature est le début de l'exploitation de l'homme, où la compétition n'est pas l'alpha et l'oméga de la réussite, où l'homme fait partie de la nature au lieu de se considérer comme son seigneur et maître, où la relation humanité/

nature ne peut être que coopérative, où le partage des richesses ne se fait pas de haut en bas, mais de bas en haut, c'est-à-dire en organisant l'économie à partir d'un minimum vital décent (ce qui supprimerait non pas la pauvreté supportable, mais la misère et son exploitation, véritable crime contre l'humanité au même titre que l'esclavage).

La confusion, consciemment entretenue, ou naïvement ignorée, entre politique écologiste et écologie politique reste quasiment inconnue de la grande majorité de l'électorat, mais aussi des élus.

Bien sûr, l'environnementalisme, la protection de la nature, la catastrophe du dérèglement climatique, le scandale de l'extinction d'espèces, la pollution de l'air, de l'eau, de la terre, constituent historiquement la spécificité du discours de l'écologie politique ; mais cela n'a jamais été la description de ses limites, de son « domaine de compétence ». L'écologie politique n'est pas la politique du ministère de l'Écologie.

L'écologie politique, qu'on se le dise une fois pour toutes, est l'application, dans toute décision politique, d'une vision écologiste de la vie en société, avec cette particularité que l'on y invite toujours, peu ou prou, la nature.

Quand la gauche et la droite étaient au centre de la vie politique, quand la gauche et la droite étaient la politique, l'histoire avait un sens. Pas le même, évidemment, pour l'une et pour l'autre, mais pour les deux le temps n'était pas un océan impersonnel d'heures et de jours indifférent aux heurs et malheurs des hommes, le temps était un fleuve qui charriait projets, espoirs et rêves vers leurs réalisations. L'histoire chuchotait au présent son avenir ; qui avait la meilleure oreille avait un temps d'avance.

Ainsi, pour la gauche, le sens de l'histoire se confondait avec le sens de son histoire, qui était de porter, d'incarner l'émancipation populaire ; et puisque connaissant l'avenir, pourquoi ne pas l'anticiper, le précéder, le faire venir plus vite ; et pourquoi pas tout de suite, avec une révolution annonciatrice d'une parousie prolétarienne où les justes seront récompensés...

Pour la droite, le monde tournait dans le sens de l'évolution des sciences et des techniques qui transforme la société et dynamise l'économie ; vision plus rationnelle qu'idéologique en apparence, mais qui n'échappe pas à l'hubris politique : accompagner le progrès, c'est bien, mais l'imposer, c'est mieux ; et qui s'en plaindra ? Le peuple ? Mais il est le premier à profiter du progrès ! La droite aussi avait son peuple, et son messianisme...

La droite, la gauche, pour l'essentiel, auront été la dialectique de la main invisible de l'économie et de la main visible de la politique ; mais un troisième acteur, jusque-là peu loquace, s'est invité dans la discussion : la terre, sur qui tout repose, dont tous dépendent, ce que savaient les anciens et que les modernes, tous à leur pugilat politico-économique, avaient un peu oublié.

Les rescapés de la dialectique Gauche/Droite épuisent leurs dernières forces à rejouer, à surjouer leur propre rôle et ressemblent de plus en plus à de vieux acteurs interprétant une pièce écrite en d'autres temps pour d'autres spectateurs, alors que les esprits sont déjà ailleurs, occupés par la nouvelle confrontation qui s'impose : réalisme écologique d'une terre finie/utopie libérale d'une techno-économie infinie.

Désormais, toute politique qui ne s'inscrira pas dans cette dialectique passera à côté du sens de l'histoire du 21e siècle ;

Désormais, tous et toutes attendent que de nouvelles voix portent de nouvelles voies.

Le grand vent de l'écologie avait soufflé. Printemps 74, été 81, puis l'automne est venu. Les vertes feuilles de l'arbre politique ont jauni, non pas de vieillesse, mais de rancœur ; desséchées par tant d'aigreurs intestines, elles tombent, désormais, emportées par le vent mauvais des occasions manquées, jonchant le sol stérile du marketing politique, s'amassant opportunément au pied des uns et des autres : du dernier venu autant que du premier. Et chacun d'en ramasser ; et il y en aura pour tout le monde, autant que de mots dans le dictionnaire des illusions perdues : « écologie », ça n'appartient à personne, n'est-ce pas ? Et puis, c'est si facile, il n'y a qu'à se baisser ! Il y en a partout, de l'écologie ; il en tombe comme s'il en pleuvait. Et c'est ainsi qu'habillé d'un vert approximatif, d'un vert passe-partout, d'un vert à la mode, chacune et chacun prépare sa campagne, de ville en ville. On pourrait presque croire qu'après des années de marginalité, ils ont enfin gagné, et la faveur du public, et la caution des élus, tant ils sont copiés. Mais ce n'est qu'une illusion de plus.

Le vent a soufflé, mais souffler n'est pas jouer, et encore moins gagner.

Qu'elles étaient belles, nos vertes années ! Mais de rivalités en disputes, de divisions en subdivisions, entre écologie pour tous et politique entre soi, ne donnaient-ils pas de plus en plus l'impression d'avoir choisi…

Ce qui ne les empêchera pas, évidemment, de faire campagne comme tout le monde, habillés de vert, comme tout le monde, et se réjouir d'avoir gagné quelques pour cent, comme tout le monde.

La démocratie n'en est qu'à ses débuts. Après la période exaltée du « citoyen-partisan » pour qui le manichéisme était une évidence (le monde se partageant en deux camps ennemis, le bien et le mal), la démocratie s'est vécue sur le mode consumériste où le « citoyen-consommateur » fait son choix électoral comme il fait son marché, hésitant parfois jusqu'au dernier moment, comme à la veille des fêtes de fin d'année pour choisir un cadeau. Mais le marketing politique, qui a succédé à la propagande manichéenne, peine à faire aussi bien que son homologue commercial. C'est que face à la pléthore de biens matériels, l'offre politique parait bien pauvre, peu attrayante, de moins en moins diversifiée, et trop peu renouvelée. C'est évidemment une partie de l'explication de la réussite éclair des nouvelles formations politiques. Mais en démocratie, les échappés solitaires ne durent pas. La politique n'est plus une tragédie grecque, avec ses dieux, ses héros et ses traitres, mais un jeu d'équipes et de supporters, d'alliances et de divorces, où ce n'est pas le plus fort qui gagne, ni même le meilleur, mais une majorité, jusqu'au prochain vote...

Le « citoyen-consommateur » n'a plus l'âme militante ; celle qui dure, endure et soutient sans faillir la maison partisane, comme une pierre fondatrice qui s'ancre profond dans l'histoire. Le « citoyen-votant » n'est plus ce qu'il était. Il était militant, le voilà spectateur. Il ne soutient plus, il essaye.

La démocratie semble devenue aussi incertaine d'elle-même que de l'avenir du monde. Fait-elle une pause, ou est-elle en panne ? Elle ressemble à un verre à moitié plein que l'on voit de plus en plus à moitié vide. Mais c'est une illusion d'optique. La démocratie est toujours tout aussi active ; elle se vit de plus en plus d'une troisième manière, voilà tout. Après le mode manichéen et le choix consumériste, qui ont connu leurs heures de gloire, le militantisme est toujours là, aussi fervent que jamais, mais c'est l'association, le collectif, le mouvement qui est devenu sa maison ; et c'est une cause qu'il soutient. Ce sont les partis qui s'étiolent, pas la démocratie. Ce ne sont pas les citoyens qui ne s'intéressent plus à la politique, ce sont les partis qui ne se sont pas adaptés à la nouvelle manière de faire de la politique, celle du citoyen-participatif ».

La démocratie, utopie populaire, toujours louvoyant entre réalité et projet, se réinvente encore une fois à l'aube du 21e siècle, sous les yeux écarquillés par la stupeur et l'incompréhension de ceux qui, hier encore, faisaient, incarnaient, étaient la politique ; quand les voix des citoyens n'étaient encore que les pavés tapissant la voie menant au pouvoir. Mais c'était oublier qu'en démocratie le peuple a toujours le dernier mot et celui-ci ressemble fort à une sorte de réforme laïque, où le « citoyen-participatif » revendique une « prise directe » avec le pouvoir, directe et permanente, alors qu'elle était indirecte et occasionnelle, de vote en vote, de manifestations en grèves.

Elle est là, la révolution qui s'annonce ; plus forte que la révolution des mœurs des années 60, presque autant qu'un changement de régime, comme d'une royauté à une république. Elle est maintenant, la transition, qui durera évidemment des années, peut-être une génération, entre démocratie représentative et démocratie participative.

Quand le « citoyen-partisan » votait pour un guide et le « citoyen-consommateur » pour un représentant, le « citoyen-participant » votera pour un collaborateur. De plus en plus surveillés par le pouvoir des outils informatiques, les citoyens ? Et s'ils devenaient, tout au contraire, de plus en plus surveillants, parce que de plus en plus participants ?

Mais aujourd'hui, alors que les politiques semblent avoir « passé la main » aux maîtres de l'économie, la démocratie, qui suppose choix, alternance, changement, est-elle encore une réalité où peuvent en confiance s'inscrire nos existences, s'exprimer nos différences, s'imposer nos préférences ?

Les fiers principes républicains inscrits dans le roc d'un pacte social constitutionnel ne se sont-ils pas quelque peu lézardés, effrités, sous les coups de boutoir de l'économisme triomphant ?

Les politiques ne jouent-ils pas à chaque élection (et les affaires aidant, avec de moins en moins d'entrain) un remake de la caverne de Platon ?

Et les voyant s'évertuer à prendre ce qui est encore, officiellement, le pouvoir, ne voyons-nous plus que des ombres qui s'agitent ?

L'essentiel n'est-il pas ailleurs, dans les hautes sphères financières ?

Peut-on représenter légitimement une majorité, si l'on ne possède plus le pouvoir ? Une désignation suffit-elle ? La démocratie n'est-elle plus qu'un jeu de dupe ?

La démocratie est un projet à partager, pas un espace à occuper. Elle ne propose pas la liberté de la coquille vide où chacun (en l'occurrence chaque petite communauté) pourrait s'y installer selon ses propres règles ; et pas d'avantage celle du hall de gare, où chacun pourrait aller et venir à sa guise, sans se préoccuper des règles du lieu. La démocratie est d'abord un projet humaniste, avec ses libertés, bien sûr, mais aussi ses exigences, et aussi ses valeurs. Ses libertés ne se confondent pas avec un individualisme forcené, qui ne possède plus la moindre conscience sociale, qui ne supporte plus le moindre effort collectif. Ses exigences sont des contraintes choisies, au minimum par la majorité, idéalement par tous ; et non des règles arbitrairement décidées « d'en haut », ou sous l'excessive influence de telle ou telle minorité. Ses valeurs défendent la dignité humaine dans toutes ses dimensions physiques, mentales, spirituelles ; dans tous ses rapports avec l'autre, avec son environnement familial, professionnel, social.

Réduire la démocratie, qui contient potentiellement un projet de civilisation, à la simple organisation « d'élections », tient autant de la tartuferie médiatique que du cynisme politicien. Comme serait simple la vie sur terre, s'il suffisait de voter pour être démocrate, et d'organiser des élections pour être une démocratie !

Mais ce qui, actuellement, représente la plus grande menace pour les vraies démocraties, le poison plus violent que le terrorisme, plus insidieux que le laisser aller hyperindividualiste, plus puissant que les mégamultinationales, c'est un mirage, une illusion toute simple, mais redoutablement dangereuse : celle qui fait voir la démocratie comme une évidence sociale destinée à durer « ad vitam aeternam ». L'illusion sotte que nos démocraties n'ont plus à être défendues que de méchants ennemis venus de l'extérieur ; que l'esprit critique n'a plus aucune justification, aucune valeur, puisque le discours officiel, exprimé par des représentants démocratiquement élus, est obligatoirement démocratique, puisque nous sommes une démocratie une fois pour toutes !

Avec un tel mirage, les démocraties n'ont pas besoin d'ennemis très puissants pour disparaître. Il suffirait de quelques boucs émissaires utilisés au bon moment, diabolisés à souhait, symbolisant la menace d'apocalypses à venir, et justifiant de soumettre toute la société à la seule préoccupation sécuritaire, créant un état de guerre larvée ou déclarée ; seul moyen, pour un pouvoir démocratique, d'obtenir légalement un pouvoir d'exception aux allures de dictature.

Cette façon d'étouffer la victime pour mieux la protéger devrait en inquiéter beaucoup ; mais le mirage sémantique, puissant somnifère intellectuel, est trop fort.

Lorsqu'ils se réveilleront, seront-ils encore en démocratie ?

Une démocratie ne vit que par ceux qui y participent, et ne meurt que par ceux qui n'y participent plus, sous prétexte que « ça » fonctionne automatiquement, ou que certains sont chargés de s'en occuper.

La démocratie n'est pas une évidence sociale destinée à durer toujours une fois créée. Bien au contraire, rien n'est plus évident que la dictature, puisque c'est la loi naturelle du plus fort. Rien n'est plus destiné à durer qu'une société sécuritaire, car elle ne se préoccupe que de sa perpétuation, s'en donne les moyens, ne s'embarrasse d'aucune de ces valeurs humanistes qui, pour être défendues, nécessitent un peu moins de chair à canon, un peu plus d'esprit critique.

Mais ne nous cachons pas derrière notre bulletin de vote : oui, la démocratie est une ambitieuse utopie populaire ; non, elle ne sera jamais achevée. Et ce n'est pas un problème, parce que ce n'est pas un but à atteindre ; c'est un horizon qui détermine une direction. Trop souvent on oublie que trouver la bonne réponse commence par trouver la bonne question qui n'est pas « sommes-nous en démocratie ? », où l'on ne peut répondre que « oui », en comparaison de tous les pouvoirs autoritaires, mais « avons-nous fait des progrès » et si oui, lesquels ? Ou avons-nous régressé ? Où ? Quand ? Pourquoi ? La bonne question est celle qui ouvre large le débat !

La libération du plaisir féminin est une des conditions fondamentales du développement de la civilisation démocratique contemporaine. Depuis des siècles, deux cultures s'affrontent (parfois jusqu'à la barbarie, comme avec l'excision de milliers de filles) : celle qui s'oppose au plaisir des femmes, celle qui le libère ; et l'on vit dans une société ou dans une autre, selon que l'une ou l'autre s'impose.

L'histoire contemporaine, qui a vu naître et se développer les démocraties, est donc en partie l'histoire d'une relation entre le corps social et le corps féminin. Mais le corps n'est pas l'objet du délit, il n'en est que le médiateur visible, saisissable, et donc saisi. Le « délit » étant le plaisir, ou plus exactement son droit, et donc sa liberté.

Sans minimiser l'importance des sciences, des techniques et du commerce dans le « changement de société » de ces deux derniers siècles, l'évolution historique vers « plus de démocratie » est avant tout le fait d'une volonté populaire émancipatrice et libératrice où la relation au corps féminin a joué un rôle crucial et continuera dans l'avenir, partout dans le monde, à être l'incontournable condition des vraies démocraties.

La culture, c'est de l'information plus une valeur ajoutée, celle que produit un travail de réflexion que l'on illustre souvent par l'image simple de l'abeille qui, à partir du pollen (l'information) produit du miel : la culture.

Une confusion s'est universellement répandue ces dernières années, avec l'explosion des médias numériques : une pluie d'informations a noyé la vraie culture en donnant l'illusion qu'il suffisait, dorénavant, d'avoir son smartphone à portée de main pour être cultivé. Miracle de la technique, toujours en avance d'une fusée quand il s'agit de nous faire gagner du temps et économiser des efforts ; comme si l'empilement hétéroclite d'évènements, de faits, de connaissances, suffisait à faire sens, à développer une argumentation, à en déduire une compréhension. Ce n'est pas un hasard si l'évènement est devenu la pierre angulaire des médias contemporains, reléguant l'explication des faits au second plan, et la culture qui permet la compréhension à un lointain troisième ; seule la multitude d'évènements qui apparaissent aux quatre coins du Village-Monde peuvent satisfaire l'insatiable appétit de médias qui ne se donnent plus pour mission d'expliquer le monde, pas même de le dépeindre, mais, renversant en quelque sorte « la charge de la preuve », se contentent de transporter un flux continu d'informations, laissant à chacun le soin d'en juger la pertinence, d'en hiérarchiser l'importance, de situer la place de chacune dans une mise en perspective spatio-temporelle (ce qui nécessite des connaissances en géopolitique et en histoire), et de synthétiser le tout en un ensemble cohérent, bref, de faire les trois quarts de ce qui était la noblesse du journalisme !

Dans une médiasphère mondialisée où l'information se compte en bits, en quoi se compte la compréhension ? En experts.

Ainsi, au milieu de cet océan d'informations (autant dire au milieu de nulle part), tous les yeux, toutes les oreilles se tournent vers ce qui apparaît comme un solide îlot culturel où poser les pas de sa réflexion… Et s'il en était ainsi, après tout, pourquoi pas ? Mais nous sommes loin du compte, car si les transporteurs de bits arrivent encore, avec quelques petites difficultés, à convaincre que leur neutralité rime avec honnêteté, il n'en va pas de même avec l'objectivité scientifique du petit monde des experts. Bien sûr, il y a des experts qui respectent la déontologie de leur profession, mais quand l'argent et la politique s'en mêlent… Ils n'argumentent plus, ils affirment. Ils ne dialoguent plus, ils discréditent leurs interlocuteurs. Ils ne partagent pas le cheminement qui les a conduits à telle ou telle conclusion, ils dénient hautainement à leur auditoire la capacité de le comprendre. Ils aveuglent d'un brillant discours celles et ceux qu'un peu de vulgarisation scientifique aurait éclairés, un peu de ce « bien commun culturel », de ce minimum vital démocratique qui encourage la discussion, autorise le doute, et permet de résister aux chants hypnotiques de nos sirènes expertes, de nos bonimenteurs politiques...

Si la démocratie permet la liberté d'action pour tous, dans le respect de règles majoritairement consensuelles, la culture est le viatique de la liberté de penser qui, seule, permet l'exercice de la citoyenneté, c'est-à-dire la participation aux décisions qui pèseront sur l'avenir de chacun.

Le problème français vient-il, comme le suggèrent depuis des années nombre d'analystes, d'une incapacité à choisir entre le public et le privé ? Entre, en gros, l'état providence de la social-démocratie et la loi du marché du libéralisme mondialiste ?

Le bon fonctionnement d'une société ne pourrait-il se faire que sous l'égide d'une de ses deux forces, à jamais irréconciliable ?

L'expérience française, tout imparfaite est-elle, est loin d'avoir sombré dans le ridicule. C'est bien au contraire la recherche d'une possible complémentarité des forces sociales et économiques qui pourraient déboucher sur un projet d'avenir et non le dogme ultra-libéral pour qui cette recherche apparaît comme une aberration handicapant une nécessaire pseudo-modernisation de la société française. C'est ce non-choix, cette recherche permanente de conciliation des contraires, qui créera peut-être le socle socio-économique stable où pourra s'épanouir une qualité de vie qui ne semble pas être la préoccupation, même secondaire, de ces experts en mondialisme, qui n'auront évidemment jamais à payer la facture sociale de leurs brillantes analyses.

Il est urgent de reconsidérer la pensée politico-économique selon le principe de complémentarité, et se défier de bêler avec les moutons néolibéraux ; car à trop vouloir ressembler à tout le monde, on devient personne. Vide identitaire que ne combleront pas longtemps les artifices d'un dynamisme économique exacerbé.

Il nous faut une nouvelle philosophie politique, qui ne soit ni rejet dédaigneux du marché ni adulation aveugle ; qui ne tire pas son existence, sa propre valeur, d'un simple positionnement « pour » ou « contre », mais se hausse à une attitude holistique qui saura dépasser l'opposition apparemment irréductible entre le « social » et « l'économique ». Pour l'heure, nous en sommes encore loin ! Et si, exception oblige, la société française ne se résout pas encore à n'être qu'une « startup-nation », elle ne se donne déjà plus vraiment les moyens culturels de ne pas devenir que « technico-commerciale ».

Sommes-nous avant tout dans un système politique, et donc, en ce qui nous concerne, la démocratie, ou avant tout dans un système économique, le néolibéralisme qui a succédé au capitalisme dans les années 1980/1990 avec la dérégularisation et la financiarisation de l'économie ?

Le néolibéralisme s'est inventé une image de libérateur des lois contraignantes qui freinent la croissance économique, grâce à un message martelé aux quatre coins du monde depuis un demi-siècle ; un message qui se veut « progressiste », « libérateur », « pragmatique », « efficace » en se voulant anti-bureaucratique, anti-gaspilleur d'argent public, anti-assistanat, mais tout au contraire exprime son indéfectible attachement à une méritocratie où l'honnête compétition permettrait aux meilleurs de gagner et où les perdants ne seraient que victimes d'eux-mêmes et où la société, dégagée de toute responsabilité sur ces parcours individuels (« la société, ça n'existe pas, il n'y a que des individus », Margaret Thatcher) ne s'incarnera dans un état que pour organiser les règles d'une loyale compétition de tous contre tous, où chacun recevra donc les justes récompenses de ses valeureux efforts. Bref, le capitalisme en rêvait, le néolibéralisme l'a fait !

Le néolibéralisme communique beaucoup moins sur sa face sombre, le côté obscur d'où, en réalité, il tire sa force et donc sa dangerosité planétaire. Notre société comprend trois acteurs économiques principaux : l'Entreprise, l'Actionnaire, l'État ;(il s'agit d'entités pas d'individus, par exemple dans

« actionnaire » il y a le système bancaire) bien sûr il y a aussi les consommateurs, disons que ce sont les moins actifs des acteurs. Si le jeu était sainement joué, une redistribution des richesses s'établirait entre les trois entités d'une manière raisonnablement proportionnée, en d'autres termes, tout le monde y trouverait son compte. Mais lorsque l'état, par la poussée de forces qui le dépasse, joue de moins en moins l'arbitre pour n'être plus qu'un simple observateur, se « désolant » de la déplorable situation sociale, économique, écologique (sans que l'on sache, d'ailleurs, ce qu'il déplore le plus, son impuissance ou la puissance dévastatrice d'acteurs économiques devenus incontrôlables), c'est que l'une des entités « privés » s'est attribué la plus grosse part et mène le jeu à sa façon. Avec le capitalisme, le jeu était dominé par deux entités : l'entreprise et l'actionnaire, dont les forces étaient plus ou moins régulées par l'état (toujours trop pour la droite, jamais assez pour la gauche) ; mais avec le néolibéralisme, l'entité « actionnaire » a décuplé ses forces et s'est livrée, ces trente dernières années, à un véritable putsch économique.

Nous vivons donc de moins en moins en démocratie et de plus en plus sous la férule d'un pouvoir financier ultra-puissant dont la logique fonctionnelle est de tirer du système économique plus de profits que l'entreprise et la nature sont capables de créer chaque année, ce qui est évidemment intenable à long et même moyen terme : avec le capitalisme, l'entité « actionnaire » se comportait en gestionnaire gourmand pour rapidement devenir spéculateur insatiable avec le néolibéralisme.

Ceux qui croient et attendent avec impatience qu'une prochaine catastrophe écologique, économique ou autre débarrassera la planète de l'engeance spéculatrice se trompent. Ces professionnels du « qui perd gagne » font feu de tout bois, même des catastrophes ; si les eaux montent, ils investiront dans la construction de digues et de maisons sur pilotis (cela a déjà commencé), voilà tout. Attendre que le monde s'écroule pour que s'écroule le néolibéralisme est idiot ; sur ce point, Marx avait à la fois raison et tort ; le capitalisme de son époque est effectivement mort, mais il avait imaginé que le socialisme lui succèderait quasiment « naturellement », car c'était le sens de l'histoire, mais ce fut le néolibéralisme qui reprit le flambeau économique, et donc une partie du pouvoir politique, presque le pouvoir absolu, presque un nouvel ancien régime qui n'a rien à envier à l'ancien, ni ses princes, rois, empereurs, ni ses conflits, ni ses coteries où se pressent, comme depuis toujours, courtisans, courtisanes, et affairistes.

Et la démocratie dans tout ça ? N'aura-t-elle été que le rêve éveillé de quelques décennies entre l'ancien régime et sa restauration ? Sur la scène mondiale, les démocraties semblent chaque jour perdre du terrain ; mais avons-nous le bon instrument de mesure pour en juger ? Est-ce la démocratie qui perd ou est-ce l'Empire qui surréagit pour cacher ses faiblesses, derniers sursauts anticipant, tentant de retarder de futures défaites (à l'échelle planétaire, ces « derniers sursauts » peuvent durer une partie du 21e siècle), car si le capitalisme a pu durer plusieurs siècles, c'est parce que le capital naturel terrestre lui a permis de durer plusieurs siècles, le néolibéralisme, lui, terminera d'épuiser la terre avant le 22e siècle. Resteront l'impuissance des états, la désorganisation de dix milliards d'humains savamment désinformés, et une dernière carte à jouer pour l'Empire, un dernier pari risqué : que la science et la technique, les deux filles du génie humain, soient devenues si fortes qu'elles puissent remplacer le capital naturel terrestre surexploité par la production d'un « capital naturel artificiel » (c'est, par exemple, entre autres, la promesse de la production d'une énergie sans limites avec le projet de fusion nucléaire de la centrale internationale ITER, installée en France).

La situation actuelle, dans les démocraties, est un mixte entre plus ou moins de démocratie et plus ou moins de néolibéralisme, selon la vigueur qu'oppose la citoyenneté locale au pouvoir économique ; car c'est bien là toute l'affaire, c'est bien là que se situe l'enjeu des prochaines décennies : il ne s'agira plus, comme au 20e siècle, d'une politique qui s'oppose à une autre, mais d'un pouvoir économique qui s'oppose à un pouvoir politique ; il s'agira de choisir entre démocratie et néolibéralisme, entre le pouvoir politique, issu d'une majorité populaire locale, nationale, européenne, et un pouvoir économique sans attaches locales, sans références culturelles, sans respect constitutionnel pour les régions et les peuples concernés. Ces forces qui s'opposeront ces prochaines décennies ne seront pas la gauche et la droite, mais le projet de civilisation démocratique humaniste et écologiste contre l'Empire d'un néolibéralisme tentaculaire et dictatorial, agrandissant toujours plus la marchandisation du vivant, du végétal à l'humain, jusqu'à, un jour, privatiser tous les aspects de la vie humaine voire de la vie.

Quand le commerce faisait de chacun un client et le capitalisme un consommateur, le néolibéralisme en fera un locataire.

Locataire, le paysan qui ne possède plus les graines des plantes qu'il cultive.

Locataire, le salarié qui sera de plus en plus une flexible variable d'ajustement.

Locataire, la P.M.E. qui dépendra des commandes de la multinationale qui dépendra de la stratégie d'un fonds d'investissement totalement anonyme, lointain, aux motivations opaques.

Locataire, l'élu convaincu par la brillante désinformation d'un lobbying aux moyens considérablement supérieurs aux associations citoyennes.

Locataire, l'électeur séduit par les sympathiques marionnettes néolibérales : « croissance économique », « création d'emploi », « politique progressiste ».

Les forces qui s'opposeront ces prochaines décennies ne seront pas la politique de gauche contre la politique de droite, mais l'information contre la désinformation, le pouvoir politique contre le pouvoir financier, la réalité contre la virtualité, l'universalisme démocratique contre le relativisme communautaire, les valeurs fondamentales, civilisationnelles, contre les valeurs financières, dénaturantes et déshumanisantes, le droit du peuple à choisir son mode de vie, son avenir, contre le droit de la multinationale à imposer ses normes, ses produits, son formatage culturel et social.

Pourtant, malgré une situation de plus en plus inquiétante, l'avenir n'est pas écrit, et il est encore temps, pour sauver la nature et donc nous-mêmes, de s'inspirer… de la nature, qui a traversé les centaines de millions d'années en privilégiant des fondamentaux très différents de notre économie et dont les cinq principaux sont : la coopération, le recyclage, l'autonomie locale, la diversité, et une forme de compétition adaptative évolutive célébrée par Darwin et dont le capitalisme s'est emparé pour en faire l'alpha et l'oméga de la vie sur terre, et donc de la vie en société, et donc de sa principale « loi économique », oubliant, avec autant de cynisme que d'incompétence, les quatre autres lois fondamentales !

Si l'on y cherchait l'inspiration d'une alternative, on pourrait donc déjà partir sur l'équation : Coopération + Recyclage + Autonomie locale + Diversité + compétition adaptative évolutive = système écosocial néguentropique. À noter que la logique fonctionnelle d'un tel système n'est pas de rechercher la croissance sans fin et sans frein, mais la croissance jusqu'à un « seuil d'équilibre », qui, lui-même, ne tire sa pertinence que dans un référentiel local.

Ainsi, non seulement on pourrait démontrer la viabilité d'une alternative bien plus pertinente et durable que le capitalisme, surtout depuis sa mutation en néolibéralisme, mais l'alliance souple qu'entretiennent fluidité des flux et référentiel local permet d'entrevoir la possibilité d'une économie-monde à structure horizontale.

Appelons « Seconde Économie » cette ébauche d'alternative ; disposant d'une structure horizontale, la seconde économie pourra se développer ces prochaines décennies sans être freinée par l'économie néolibérale à structure verticale. On peut donc imaginer la coexistence de deux « économies-monde » d'ici 2050, et ce sera plus l'affaire d'une multitude d'initiatives citoyennes que de volontés politiques, même si les deux sont nécessaires.

Ainsi se posera de plus en plus, pour chacun, chacune, un choix de vie (et non plus seulement de travail) entre économie néolibérale et une seconde économie qui aura pour but de devenir la deuxième mondialisation. Cela ne sera pas encore la fin du néolibéralisme, mais cela sera déjà la fin d'une absence d'alternative.

Si l'on peut imaginer en deux ou trois décennies une deuxième mondialisation, c'est évidemment parce que la seconde économie existe déjà partout dans le monde et qu'il ne reste plus qu'à organiser son développement à l'échelle de la planète. On pourrait multiplier les exemples, prenons-en juste un concernant l'économie sociale et solidaire : l'aidant familial.

L'aidant familial a acquis, ces vingt dernières années, le statut de « fait de société », car il en possède pleinement les trois dimensions principales :

Dimension sociale ; c'est-à-dire concernant la société dans son ensemble, et donc chaque individu, qu'il soit aidant ou pas, en situation de perte d'autonomie ou pas.

Dimension économique ; l'aidant, indispensable au maintien à domicile des personnes en perte d'autonomie, à cause de la maladie, d'un handicap, de l'âge, est devenu, par son nombre (8 millions), et son implication évaluée à 160 milliards d'euros, un grand acteur de l'économie de la santé, et le principal responsable de l'essor du secteur de l'aide à la personne, très créateur d'emplois.

Dimension humaine ; c'est évidemment la qualité principale et irremplaçable de l'aidant familial qui, par sa proximité filiale ou amicale et son action quotidienne s'inscrivant dans la durée, permet d'humaniser et de compenser en partie la perte d'autonomie des aidés.

Approfondissons un peu la dimension sociale qui est principalement celle que doit tenter de maîtriser une politique publique soucieuse d'efficacité.

Les études, sérieuses, nombreuses, réalisées en France et à l'étranger, convergent dans leurs analyses, et permettent aujourd'hui de dégager quelques certitudes.

La principale est certainement l'hétérogénéité des situations, et son corollaire politique : impossible d'appliquer une « solution standardisée » pour répondre aux besoins des aidants. Illusoire, donc, l'idée qu'une ou plusieurs lois suffiraient à améliorer la situation de tous, ni même de la majorité, pour deux raisons : une trop grande disparité entre les aidants (qui sont majoritairement des aidantes), et une trop grande différence de ressources territoriales entre les lieux de vie (zone rurale ou urbaine, petite ou grande commune).

La dimension territoriale pertinente, pour une action efficace, est départementale et infradépartementale.

L'efficacité de l'action publique en faveur des aidants dépend avant tout du dialogue, et donc de la coordination, que le territoire concerné aura su établir, entre les différents acteurs publics et privés, dans une recherche d'adéquation entre aidants, aidés, professionnels, et les ressources territoriales existantes (hôpital, EHPAD, CLIC, CCAS, association, villagevacances, facilité de transport, porteur de projet, financement, etc.).

Exemple d'éléments pour une politique territoriale d'aides aux aidants. Pour une rapide vue d'ensemble, on peut résumer la problématique de l'aide aux aidants en distinguant trois niveaux :

Celui des besoins individuels des aidants. Celui des professionnels qui conçoivent et font vivre les dispositifs d'aide proprement dits. Celui des acteurs institutionnels qui cherchent à développer une politique territoriale.

Les besoins des aidants peuvent être répartis en 5 grandes catégories :
L'information.
La formation.
Le soutien moral et psychologique.
Le répit.
Les services complémentaires (aide professionnelle à la personne).

L'enjeu contemporain est de réussir à organiser un déploiement territorial coordonné de services suffisamment diversifiés pour répondre à la singularité des besoins ; notamment en définissant les modalités de collaboration des différents acteurs en fonction des caractéristiques des contextes locaux.

Rappelons la définition sociologique du terme « territoire » (adaptée aux aidants), pierre angulaire de l'efficacité d'une action publique :

« Niveau géographique pertinent de déploiement des services d'aide aux aidants, pour que ces derniers y aient accès ».

La dimension stratégique du rôle d'aidant étant reconnue comme un enjeu de santé publique majeur, il s'agit donc d'organiser la rencontre entre l'hétérogénéité de leurs besoins (qui, en plus, évoluent dans le temps) et la variété des réponses possibles au niveau de chaque territoire, ce qui nous conduit à essayer de répondre à deux grandes questions :

Comment des acteurs publics, tels que les conseils généraux, les agences régionales de santé, ou les ministères, peuvent-ils opérer une péréquation entre les territoires pour ne pas laisser des « déserts » de l'aide aux aidants côtoyer des territoires bien dotés ?

Et localement, comment coaliser et coordonner des acteurs hétérogènes pour assurer une relative cohérence dans le déploiement des services, et dans la couverture des besoins des aidants ?

Pour y répondre, on doit travailler simultanément sur trois directions de réflexion et d'action :

La conception des services aux aidants et le rôle joué par les différents porteurs de projet et partenaires.

La caractérisation des besoins des aidants et de leur évolution.

La configuration des services aux aidants sur les territoires. (La configuration étant le travail de sélection et d'organisation des services en réponse à la variété des besoins des aidants sur un territoire).

On peut résumer cette philosophie de l'action publique en direction des aidants en citant Olivier Borraz, directeur de recherche au CNRS : « Les actions localisées ne se situent pas en parallèle ou en complément d'une politique nationale, elles sont cette politique ».

Exemples de la diversité des besoins :

L'aidant cohabitant a besoin de répit.

L'aidant d'une personne atteinte de la maladie d'Alzheimer a besoin d'informations sur la maladie.

L'aidant en emploi de bénéficier de congés ou d'aménagement de son temps de travail.

L'aidant habitant en zone rurale ne peut accéder aux services sans une aide logistique renforcée.

Selon les ressources du territoire concerné, la conception et le développement d'une politique d'aide aux aidants peuvent prendre deux directions :

Soit la réalisation d'une structure « physique », comme la Maison Des Aidants de Nantes, qui peut jouer plusieurs rôles au niveau d'un territoire (prestations directes type psychoéducatives, accueil, information, animation de réseau, communication auprès de professionnels libéraux, résolution de situations complexes, montages de projets, expertise, duplication).

Soit un pilotage par le Conseil Général de l'organisation des services, déployée à l'échelle départementale à travers une série d'actions variées et coordonnées sans que soit créé une structure nouvelle, et donc en s'appuyant, et développant si nécessaire, les structures existantes.

L'action départementale peut se réaliser progressivement à partir d'initiatives comme :

Campagne d'informations.

Recensement des aidants.

Organisation de conférences-débats.

Mise en place d'ateliers de formation, etc.

À noter que ces actions ne nécessitent pas un grand financement (les locaux sont fournis par les collectivités, les courriers d'information sont adressés par les caisses de retraite et le conseil général à l'occasion d'autres envoies, les conférenciers sont bénévoles, etc.), mais supposent un comité de pilotage dynamique.

Ainsi, comme aucun schéma d'ensemble ne s'impose, il convient de réfléchir à des moyens de parvenir à des configurations qui tiennent compte des spécificités et des ressources territoriales.

RAPPEL DE QUELQUES DONNÉES QUANTITATIVES.

8 millions d'aidants.

58 % de salariés.

56 % de femmes. (La majorité ayant entre 45 et 64 ans, et la moitié avec des enfants).

18 % des aidants consacrent entre 20 et 40 heures par semaine.

28 % 5 à 20 heures.

41 % moins de cinq heures.

Pour 24 % des aidants, leur vie sociale est mise en parenthèse.

70 % des aidants estiment ne pas avoir de temps de libre.

Une réalité méconnue : 500 OOO mineurs seraient les aidants de leurs parents.

15 % des salariés sont des aidants (4 millions).

Dans trente ans, il y aura deux fois plus de personnes âgées : 23 millions de plus de 60 ans.

Aujourd'hui, il y a 1,4 million de plus de 85 ans, 5 millions en 2060.

La perte d'autonomie concerne 20 % des plus de 85 ans.

Il y a 4 millions d'aidants de personnes âgées, dont 60 % de femmes ayant une moyenne d'âge de 64 ans.

Dans la moitié des cas, l'aidant cohabite avec la personne aidée. L'aide apportée peut dépasser 6 heures par jour.

Un tiers des familles n'a pas d'aide extérieure.

En Europe, il y a 33 % de plus de 60 ans.

Les proches aidants procurent 80 % de l'aide reçue par les personnes âgées.

Nul mieux que le secteur de la santé se confond avec le prix de l'humanisme. Nulle plus que l'industrie pharmaceutique ne profite de l'argent public, excepté, peut-être, celle de l'armement. Telle est la concurrence dans nos temps modernes : générosité contre bénéfice net. De plus en plus de bénéfices pour des entreprises de plus en plus riches, de moins en moins de générosité dans une société de moins en moins humaine.

Tels sont les termes de ce qui a été, principalement ces deux dernières décennies, un choix politique, économique, culturel et même philosophique. L'alternative est là, obstinément présente, elle nous attend, elle attend de nous ce qui définira notre responsabilité, car c'est bien de cela qu'il s'agit, l'argent est commun, la responsabilité est commune. Chacun doit prendre sa part, puisqu'en démocratie, on paye en argent, mais aussi en responsabilité. Puisque la condition de la démocratie, c'est qu'elle ne fonctionne que si l'on s'en sert.

Le temps est venu de redonner ses lettres de noblesse à l'action politique, car elle seule peut changer les règles du jeu.

Quelles différences entre la manière plus philosophique et la manière plus littéraire, poétique, de jauger le monde, la vie, soi-même ?

L'une est-elle plus profonde que l'autre, plus précise, plus rationnelle, plus vraie ?

L'une est-elle plus que l'autre ?

Les deux me semblent indissociablement liguées contre tout ce qui ressemble, de près ou de loin, à de la paresseuse indigence culturelle.

Les mots sont trop tentés de frénésie. Ils se forment trop vite, se mêlent trop facilement. Les mots ont besoin de la pesanteur de l'action pour se révéler à eux-mêmes et prendre leurs vraies places.

Les mots sont sans âmes ; s'ils ne sont pas vécus, ils sont incapables de transmettre leur contenu humain.

Les mots sont sans limites ; seule l'expérience les rend signifiants d'une réalité forgée par le martèlement des contraintes qui limitent l'homme de toute part.

Les mots sont sans défense ; chacun peut les employer à tort. Chacun peut coller une fausse étiquette sur une vraie réalité.

Les mots, la mauvaise foi aidant, sont comme les sables mouvants : tout s'y enfonce et s'y noie.

Les mots ne sont que des mots ; mais habillés des songes des hommes, les mots se prennent pour plus qu'eux, ils se croient maîtres, ce ne sont que des outils.

Ainsi en est-il des « idées reçues », qui sont des mots que l'on reçoit de son environnement (familial, amical, scolaire, médiatique, professionnel...) et que l'on considère comme justes sans les soumettre à une analyse critique. Cette sorte d'automatisme didactique a une importance psychosociale considérable, étant à l'origine des idées fausses, qui deviennent en apparence des idées vraies, puisque partagées par la majorité d'un groupe.

Clarifier le sens des mots, objectiver leurs rapports à la réalité, à la vie humaine, n'est pas devenue une nécessité depuis le phénomène des « fake news » ; il y a 2500 ans, Confucius s'en préoccupait déjà et enseignait que perdre le sens des mots, c'est perdre la liberté.

Un terreau culturel est nécessaire pour que naisse et grandisse une pensée ; c'est l'évidence même, mais pas trop.

Trop de références, de spécialisation, d'érudition, n'invitent pas à mieux penser, mais à penser par procuration. On ne pense plus, on cite.

Liberté et risque vont ensemble ; pour ne pas prendre le risque d'une pensée libre, originale, mais fausse, on délègue à la mémoire le soin d'en trouver une vraie… chez d'autres. En réduisant de plus en plus les risques, de banalité, de ridicule, de répéter en moins bien ce qui a été si bien dit par untel on glisse, souvent sans s'en rendre compte, tant l'on fait sienne, via la culture, la pensée des autres, on passe souvent d'une liberté de penser à une liberté élective.

On ne construit plus laborieusement sa pensée, taillant et sculptant la pierre et le bois, on choisit son auteur et prend pour sienne la cathédrale déjà faite, célébrée. Aucun risque de s'en trouver ridicule, banal, bête, et pour se défendre d'éventuelles critiques, en dernier abandon de sa liberté, en dernière lâcheté, on dira : « ce n'est pas moi qui l'ai pensé, c'est lui, ou elle ».

Oui, bien sûr, Kant, Hegel, Marx et les autres… Et si l'on commençait à penser par soi-même plutôt que par procuration ?

Pour un lecteur, quelle est la valeur psychologique d'un texte ? Bien sûr, tout lecteur comble un besoin d'évasion d'une quotidienneté qui, même matériellement confortable, cerne l'esprit de sa circulaire répétition ; il répond tout autant à un besoin didactique de compréhension du monde, des autres, de soi-même. Mais plus fondamentalement, pour tout lecteur, le texte sert à ponctuer la vie, comme autant de points, virgules, exclamations, interrogations donnant ce surcroit de saveurs, de rythmes et de reliefs qui permet de passer de la vie consciente animale, prisonnière du présent, à l'humaine conscience de vivre. Ainsi, libéré de cette exiguïté temporelle, explorant passé et futur, se mettant en perspective, rencontrant l'altérité, on peut trouver la clé d'une évolution collective consciente, reproduisant dans la sphère culturelle le système évolutif naturel agissant à partir de mutations individuelles.

Mais creusant toujours plus loin son sillon littéraire, le lecteur s'emprisonne dans une autre linéarité, celle du langage qui, exprimant mots et idées les uns après les autres ne permet que difficilement à la conscience d'accéder à une réalité qui est, d'instant en instant, le produit complexe des interrelations de ses multiples dimensions. En prenant conscience que tout texte n'est jamais la description d'une réalité, mais une interprétation, une approximation, on ne résout pas le problème, on évite l'écueil : prendre la lettre pour l'esprit, le texte pour la vie.

Ils parlent d'or, d'argent et de platine. Ils avancent dans la vie comme à un bal masqué, cachés derrière tant de mots qu'on les croirait faits d'âme et d'esprit, et non de chair et d'os, comme le commun.

Difficile de les débusquer, de dévoiler le vide et le creux de leurs logorrhées, tant ils sont habiles à noyer chacune de vos paroles sous dix des leurs. Mais quelques fois, à force de jouer si adroitement avec les mots, ils finissent par se prendre à leurs jeux et « font » de la politique, mais avec une vision bien personnelle, et prenant la partie pour le tout, ou au moins l'essentiel, ils n'y voient que l'art de l'esquive et du discours, où ils sont passés maîtres ; et ça marche, comme on dit. Tout au moins pendant un temps, celui qui dure depuis que leur auditoire fut plongé dans un état hypnotique par d'indéniables talents qui font merveille en ces moments de campagne où tout n'est que mots.

Mais en politique, toujours viens le temps où le charme n'opère plus. Alors on dit : « le temps de grâce est fini » ; c'est très curieux, alors que l'on devrait dire : « le temps de l'endormissement est fini ».

Bien sûr, ils continueront encore et encore, ici de charmer et là de cacher sous de tonitruantes philippiques le bruit que ne doivent pas entendre leurs électeurs : le bruit des faits et des actes manqués ; c'est-à-dire, tout simplement, le bruit que tous entendent lorsqu'ils sont réveillés : la réalité.

Il y a toujours eu des sujets de mécontentement. Il y a toujours eu des contemporains mécontents et des contemporains contents.

La période actuelle inaugure peut-être un type humain nouveau, se répandant si épidémiquement dans le cyberespace que celui qui, depuis toujours, était le sujet de son époque, le contemporain, laissera bientôt place au sujet mécontent de son époque, le mécontemporain.

Le mécontemporain semble ne pouvoir se lever que de mauvaise humeur, et passant sa journée en anathèmes, contre celui-ci ou celle-là, se couche aigri de n'avoir pas pu en maudire davantage.

Naguère, on disait que l'homme était un loup pour l'homme, mais c'était dans l'ancien temps, celui des contemporains.

Aujourd'hui, tout est différent et mieux, évidemment. Aujourd'hui, l'homme est devenu un dénonciateur pour l'homme ; bienvenue dans le Nouveau Monde des mécontemporains.

La liberté de l'intellectuel ne consiste pas obligatoirement à rester indéfiniment dans une sorte de lévitation politique.

Cette liberté, l'intellectuel peut aussi l'utiliser pour choisir, prendre position, soutenir l'un plutôt que l'autre, bref, pour s'engager publiquement. La liberté, ce n'est pas la liberté de tout sauf de choisir. Confondre un engagement – résultat d'une liberté de penser et d'action – avec un enchainement, c'est réduire la notion de liberté, qui n'est pas seulement un état : je suis libre, mais tout autant une capacité d'action : je choisis de faire.

Demander à l'intellectuel de faire vœu de chasteté politique, de peur que le plaisir de suivre le collectif ne le détourne de sa vocation d'éclaireur indépendant, c'est pour le moins le soupçonner d'une faiblesse d'esprit que certains ont sûrement, mais qui ne peut être érigé en loi valable pour tous.

« Engagez-vous, rengagez-vous, qu'il disait, vous verrez du pays... » et vous verrez aussi les limites de l'exercice et s'il devenait trop contraignant, se dégager reste possible. La liberté suppose donc l'engagement relatif ; seul l'engagement absolu, une fois pour toutes, est effectivement un enchainement, au départ librement consenti, sans doute, mais au départ seulement.

L'artiste, c'est quelqu'un qui porte un regard extraordinaire sur les choses ordinaires.

La fonction première de l'artiste n'est pas de plaire, mais de montrer ce qu'il voit, lorsqu'il regarde ce que les autres regardent mais ne voient pas. Un peu comme si, à la manière d'un chaman, il dialoguait avec l'invisible, et nous permettait, par l'intermédiaire de son art, d'entrevoir la face cachée des choses.

S'il est honnête avec lui-même, s'il se veut artiste et rien d'autre, il ne peut dire que ce qu'il voit, et rien d'autre. Il s'adresse aux amateurs d'art, à ceux qui veulent voir les choses à sa façon, qui se sentent proches de sa façon de voir. C'est un amateur qui dialogue dans sa langue originale avec d'autres amateurs.

Mais s'il met son talent à satisfaire le désir de jouissance des uns et des autres, il se professionnalise, et ne commerce plus qu'avec des spectateurs avides d'en avoir pour leur argent. Dans le monde d'aujourd'hui, où l'on a tendance à tout confondre, il n'est pas inutile de rappeler qu'exercer une profession artistique, c'est comme exercer n'importe quelle profession. Être artiste, c'est autre chose. C'est comme posséder un sixième sens ; c'est une capacité que l'on porte en soi, que l'on peut faire grandir, mais que l'on aurait bien du mal à faire naître. Qui pourrait prétendre devenir génial, à force de volonté, d'effort et de travail ?

Mais l'artiste est plus encore. En témoignant de ce qu'il voit, il témoigne de la conscience humaine.

Et si les grottes aux peintures paléolithiques n'étaient pas des temples ?

Et si elles étaient les premières galeries d'Art ?

Ce n'est pas l'animal qui peint l'homme, c'est l'homme qui peint l'animal ; et tout est dit. De la psyché des premiers hommes ; de leur conscience d'être à la fois dans et pourtant en dehors de la nature, parce que seuls à être observateurs, artistes, humains.

La matière humaine à trois états : le goinfre, le gourmand et le gourmet. Le goinfre n'ignore pas le plaisir, ou tout au moins, il emploie le même mot que le gourmet et le gourmand. Mais le même mot dit trois choses différentes. Pour le goinfre, plaisir égal ivresse. Ivresse de la nourriture ; là où l'on ne peut plus rien avaler parce qu'il n'y a plus de place. Ivresse de l'alcool, là où tous les vins sont bons. Ivresse de l'amour, là où tous les corps se ressemblent.

Pour le gourmand, l'ivresse n'est pas un plaisir comme un autre. Ce qu'il ne veut pas dire qu'il l'évite ; mais il le conçoit comme un terminus, plutôt qu'un but. Il ennoblit l'ivresse en une éclatante apothéose ; c'est le bouquet final qui clôt le feu d'artifice. Le gourmand est linéaire ; il lui faut un début, un développement et une fin. Il lui faut un début, car il n'aime guère se donner la peine d'en créer un ; le développement lui est naturel, et c'est d'ailleurs toujours le même : consommer. Mais le gourmand, par nature, ne sait pas s'arrêter ; il a donc besoin d'une fin, sinon il continuerait jusqu'à épuisement. La fin, pour le gourmand, c'est la disparition du désir. On arrête de manger quand on n'a plus faim. C'est simple et logique. Mais le gourmet trouvera qu'il s'agit d'une simplicité un peu « simplette » et d'une logique un peu lourde, où, à défaut d'imagination, on a du bon sens.

Alors que le gourmand ressentirait une grande frustration de s'arrêter avant l'assouvissement total de son désir, le gourmet y voit au contraire la réalisation de sa philosophie ; celle du funambule qui va de plaisir en plaisir non dans la facilité du laisser-aller, mais dans un continuel effort pour garder un équilibre ; équilibre entre désir et satisfaction. Le gourmet ne recherche pas la satisfaction totale du désir, car ce serait « tuer la poule aux œufs d'or » et perdre la maîtrise de soi qui s'exprime dans cet équilibre. L'ivresse n'est alors qu'une chute ; c'est la défaite de la maîtrise de soi face au penchant naturel de la satisfaction totale. Le gourmet ressent très bien l'émotion de l'ivresse, mais il n'y voit pas ce qu'il entend par « plaisir », car s'y mêle le goût amer de la défaite.

Pour le gourmet, la vie est une ascension ; aussi évite-t-il l'ivresse qu'il considère comme une chute. Pour le gourmand, la vie est une consommation ; aussi ne dédaigne-t-il pas l'ivresse, source d'intensité émotionnelle agréable. Pour le goinfre, la vie est un travail ; aussi l'ivresse sera-t-elle pour lui un but pour ses qualités extatiques, lui permettant momentanément de fuir la réalité morose d'un monde vu au travers de son utilitarisme pessimiste.

Ainsi en est-il des trois états de la matière humaine, en analogie aux trois états de la matière terrestre : solide, liquide, gazeux.

Le jardin est l'art des arts, il les contient tous ; peinture, sculpture, architecture ; musique aussi, pour peu qu'un oiseau entonne un chant, vite accompagné d'un chœur, d'une brise d'automne et d'un crissement de feuilles sous les pas.

Pièce de théâtre surtout, avec ses acteurs exubérants, flamboyants, ou discrets, intimistes ; et sa mise en scène surtout, sans laquelle il n'y aurait pas d'histoire, mais juste une accumulation hétéroclite de formes et de couleurs, n'offrant que des sensations éparses, confuses, un brouillon de jardin.

Le jardin est vivant ; on peut l'apprécier en un instant, mais pas à sa juste valeur, qui ne se dévoile que mois après mois, saison après saison, car l'histoire évolue et de nouveaux acteurs apparaissent ; c'est toujours le même jardin, ce n'est jamais le même jardin. À moins que ce ne soit le promeneur, qui a toujours les mêmes yeux, jamais le même regard.

Dans un jardin, l'alchimie opère aussi, cet art du mélange transcendant, cet art qui transforme la nature commune en nature précieuse.

Bien sûr, l'idée qui vient tout de suite à l'esprit, c'est que la nature étant commune et sauvage, dans un jardin où elle se plie à nos caprices et se retrouve comme domestiquée, elle s'humanise.

Mais c'est faux, tous et toutes vous le diront, du moins celles et ceux qui ont fait un peu plus que s'y promener ; même dans un jardin, la nature reste la nature, et c'est l'homme qui s'humanise.

La théorie économique du ruissellement ? Qui mieux que le peuple observe, comprend, vit le ruissellement.

Le ruissellement de minuscules petits ruisseaux qui viendront grossir de petites rivières qui iront alimenter de respectables affluents qui rendront plus énormes encore le débit majestueux de ces grands fleuves qui jamais ne s'assèchent, que jamais rien n'arrête, tellement sont-ils riches de tant de contributions anonymes, tellement sont-ils célébrés pour tant de puissantes richesses.

Mais d'où vient donc la théorie curieuse du ruissellement à l'envers ?

Ces grands fleuves qui grossiraient généreusement cette myriade de petits ruisseaux dont l'ensemble constitue le peuple ? N'a-t-on jamais vu de grands fauves nourrir leurs proies ?

Ce n'est qu'une idée, bien sûr, et je ne suis pas scientifique, mais cela vient peut-être de ce phénomène naturel qu'est l'évaporation ; une partie de ces grands fleuves s'évapore, c'est sûr, puis forme des nuages et quelques petits ruisseaux deviennent sans doute de petites rivières, au gré d'une bonne averse…

Si la philosophie ne sert pas à voir ce qu'une savante désinformation cache ; à mettre des mots clairs sur ce que l'on ressent obscurément, à dérouler l'écheveau de l'excessive complexité qui effraie les meilleures volontés.

Si la politique ne fait progresser que les carrières de quelques-uns.

Si elle n'a pour seul projet que de convaincre le plus grand nombre de son impuissance.

Si, d'illusions en désillusions, elle n'inspire plus, au mieux, que de l'indifférence (tous incapables), au pire, du dégoût (tous pourris).

Si le seul progrès possible se réduit au dernier gadget technologique.

Si « progrès social » devient une insulte à la pure rationalité mathématique de l'économisme triomphant.

Si l'humain est devenu ce qu'il faut diminuer pour qu'augmentent les bénéfices.

Si le libéralisme est la fin de l'histoire.

Si le libéralisme est la fin de non-recevoir de toute demande économique, sociale, culturelle.

Siladroite,lagauche,lecentre,nesedifférencientplusque d'êtreladroitelibérale,lagauchelibérale,lecentrelibéral.

S'il n'y a plus d'ailleurs, s'il n'y aura plus d'après...

Si les élus, prétendants, candidats, militants ne sont plus que les V.R.P. d'un libéralisme marbré de couleurs chatoyantes.

Si les intellectuels ne sont plus que les ingénieurs sociaux du meilleur des mondes libéraux.

Si voter ne consiste plus qu'à choisir la couleur de son libéralisme.

Si « l'homo-oeconomicus » est destiné à remplacer l'humain à la sapience devenue inutile.

Si vivre n'a plus d'autres sens que consommer.

Si la grandeur d'une société ne s'apprécie qu'à la grosseur de son P.I.B.

Si la compétition est le maître mot de tout.

Si la valeur de la vie n'augmente que si l'on gagne plus.

Si l'argent est la mesure de chacun.

Si gagner moins, c'est être moins.

Si gagner plus, c'est être supérieur.

Si tout cela est la promesse d'un avenir radieux.

Alors, parons-nous d'armures, de boucliers et d'épées ; car si l'arène est planétaire et les gladiateurs modernes, les règles du jeu antique n'ont pas changé : seuls les gagnants seront libérés.

Si, donc, le libéralisme est l'apodictique horizon de la politique, l'aboutissement de 6000 ans de civilisation, le nec plus ultra de la vie sur terre, arrêtons là ces bavardages, ces utopies mécréantes qui refusent de se convertir à la nouvelle religion, celle qui va sauver le monde, qui le délivrera de ses chaînes idéologiques, naïves philosophies, politiques irréalistes, et autres économies.

Arrêtons de contester, manifester, refuser le miracle économique annoncé.

Arrêtons la politique, commerçons.

Arrêtons de geindre et de se plaindre, avançons.

Pour aller où ? Pour devenir quoi ? Qu'importe ! Suivons ceux qui savent, et arrêtons de maudire, arrêtons de dire, comptons !

Mais si…

Si solidarité porte encore sa part d'humanité dans la société.

Si coopération ne le cède en rien à la compétition.

Si l'être est plus essentiel que l'avoir est nécessaire.

Si l'avenir échappe à la rationnelle comptabilité.

Si l'art de vivre est de se défaire de ce qu'il

n'est pas indispensable d'accumuler, de s'enrichir de ce qu'il est précieux de partager.

Si l'argent qui étale son insolente impunité a plus d'indécence que le corps qui libère son insatiable sensualité.

Si tout cela est encore vrai, l'utopique idéologie serait de croire en l'avenir d'une société qui n'aurait pas su se donner pour diapason l'homme lui-même.

Derrière les propositions, les promesses, les engagements, les comportements, les positions partisanes, s'expriment autant que se dissimulent des valeurs, des principes, une certaine vision des choses de la vie, de la société et du monde ; ce qu'il est, ce qu'il devrait être, bref, une philosophie.

Si l'on vote avec la foi du charbonnier, celle qui ne sauve que les naïfs, tout discours sur, tout commentaire à propos de, est jugé vide, ennuyeux, inopportun : inutile perte de temps, quand l'urgence est à l'action !

Mais si l'on veut aller plus loin que la superficialité du slogan mobilisateur, et décrypter le non-dit et ses conséquences, là où l'action politique prend tout son sens, toute sa densité, sa complexité, et justifie son incidence sur la vie d'autrui, il faut savoir perdre un peu de temps pour gagner du sens.

La politique ne retrouvera ses lettres de noblesse que lorsqu'elle retrouvera sa véritable vocation : donner un sens au présent, en l'inscrivant entre une histoire et une ambition ; et ainsi, renonçant à la platitude gestionnaire où elle semble s'être fourvoyée par une excessive et paralysante préoccupation « réaliste », elle osera défendre l'essentiel : la qualité de la vie dans sa quotidienneté individuelle, l'organisation de la société et sa place dans le monde, l'avenir de l'humanité.

La politique ne retrouvera l'intérêt populaire qu'elle mérite que lorsqu'elle répondra vraiment aux interrogations contemporaines que suscite une société qui ne se résout pas encore à n'être que « technico-commerciale », mais qui ne se donne déjà plus suffisamment les moyens culturels de ne pas devenir que technico-commerciale. Et cette « vraie réponse » (par opposition à la litanie de nombres, censés prouver rationnellement, scientifiquement, l'absence d'alternative), je peux la résumer en quelques mots : je préfère la main visible de la politique à la main invisible du capitalisme productiviste, et plus encore, à la main inaccessible du capitalisme financiarisé.

C'est le point de départ. C'est le choix fondamental, celui qui trace la vraie frontière. Tôt ou tard, les cartes seront redistribuées, et une nouvelle page de l'histoire de la démocratie sera écrite, car là est le vrai repère, là est la vraie différence. Elle existait hier, elle existe aujourd'hui, elle existera demain.

Il y a ceux qui veulent mettre l'économique au service de chacun, par le pouvoir politique, et ceux qui veulent mettre chacun au service de l'économique par le pouvoir juridique dans les démocraties, et militaro-policier dans les dictatures.

La société du XXIe siècle sera construite par les uns ou par les autres, et chacun aura sa part de responsabilité. Beaucoup croient que les jeux sont faits, ils ne le sont pas. Contrôler l'économique ou être contrôlé par l'économique, à chacun de choisir. À chacun d'agir en conséquence, de participer à ce qui deviendra un choix collectif. Mais pour choisir, il faut d'abord comprendre que le choix est possible. C'est le plus grand enjeu intellectuel de ces prochaines années.

Tout le discours libéral a consisté, et réussi pour le moment, à jouer, d'une manière aussi cynique et perverse que talentueuse, sur l'ambiguïté sémantique du mot « libéral » et de sa déclinaison idéologique qui s'affirme opposée à toute idéologie... puisque tout au contraire « pragmatique » et « positiviste », et donc totalement ancrée dans le concret, celui-là même qui se mesure scientifiquement, celui-là même qui représente la seule vraie réalité.

Tout le discours libéral a consisté, et réussi pour le moment, à faire croire que la partie était égale au tout ; qu'il n'y avait pas une manière libérale, parmi d'autres possibles, d'organiser l'économie, mais que « l'économie », activité propre à l'espèce humaine, était naturellement, consubstantiellement, libérale. Les scientifiques économistes n'ayant pour seule fonction, loin de toute idéologie fumeuse et philosophie abstraite, que de découvrir les lois qui gouvernent l'économie, au même titre que les biologistes celles du vivant, les physiciens, de la matière. Et que découvrent ces hérauts de la connaissance ? Que la nature réelle et unique de l'économie est « libérale » ; comme la nature du vivant est « évolutionniste » et la nature de la matière « quantique ».

Tout le discours libéral a donc consisté à imposer l'idée que l'économie libérale n'était pas une option parmi d'autres économies possibles, mais la découverte scientifique des lois naturelles et éternelles de l'économie.

Tout le discours libéral a consisté à faire croire à une majorité de citoyens que les jeux sont faits ; que le seul choix possible serait entre le libéralisme de droite et le libéralisme de gauche. C'est-à-dire entre l'imperméable et le parapluie (ou les deux), puisque le libéralisme a l'évidence d'un phénomène naturel qui s'impose à l'espèce humaine et ne lui laisse que le choix entre tel ou tel moyen d'adaptation plus ou moins efficace.

Nul n'imaginant plus changer quoi que ce soit à ce qui se présente comme l'ordre naturel des choses, il est devenu parfaitement justifié de faire passer, avant toute autre considération, la solidité de structures qui devront supporter le choc des tempêtes, cyclones, tremblements de terre de la météo libérale.

En fait, depuis des années, nous n'assistons plus à la défaite de la droite ou de la gauche, mais à la défaite de la pensée politique contre un économisme qui fait beaucoup plus que s'autogérer ; il s'autocongratule, s'autopromeut, s'autoenseigne, s'autonobélise, et se paye même le luxe de s'autocritiquer... pour déplorer quelques excès et autres inévitables dérives.

La défaite de la pensée politique, c'est la disparition programmée d'une vraie démocratie, celle où il est politiquement possible de répondre « oui ».

Oui, on peut mettre un peu d'intelligence humaniste dans la société d'aujourd'hui.

Oui, on peut échapper à l'arrogance matérialiste de l'économisme sans tomber dans d'inextricables dérives bureaucratiques.

Oui, il existe un juste milieu, un équilibre, une harmonie.

Oui, un monde autre que violences relationnelles et folies consommatrices peut exister.

Et cette réponse politique, ce oui à un humanisme du 21e siècle, on peut l'approfondir, le développer, comprendre ce qui élève ou abaisse, emprisonne ou libère cette part d'humanité que chacun porte en lui et qui porte le meilleur de soi. Ce travail n'a pas vocation à rajouter des commentaires aux déclarations pros, anti ou mitigées, puisqu'il ne s'agit pas de réagir « à chaud » à l'actualité, mais tout au contraire de prendre le temps de la réflexion pour enrichir un dialogue constructif entre ceux et celles qui ne peuvent se contenter du monde tel qu'il est, et qui préfèrent partager l'ambition de ce qu'il pourrait être plutôt que de se désespérer de ce qu'il n'est pas, et qui ont compris que la seule solution était d'entremêler, tels les fils de la trame de la vie, pensée globale et action locale. La pensée peut et doit embrasser toute la société de cette vision large propre à éclairer chacun pour s'y situer ; mais l'action qui mène d'un présent déprimant à un avenir enthousiasmant, le sens de sa vie sociale, ne peut se réaliser qu'ici et maintenant, étant donné les modestes moyens de chacun ; ainsi, gagnant en efficacité ce qu'elle perd en utopie, cette pensée collective pourra atteindre ce qui est sa raison d'être : démontrer que le 21e siècle a besoin d'un humanisme où les mots, redescendant de leur tour d'ivoire idéaliste, ne seront que le plus court chemin entre la pensée et l'action.

Si la pensée politique, ces dernières décennies, a perdu son aura, sa résonance dans le corps social, voire même sa pertinence, c'est la faute, bien sûr, à ces anxiogènes courbes ascendantes (chômage, déficit, délinquance, pollution), mais pas seulement. Le pervertissement du sens des mots y a largement contribué ; et tout invisible et immatériel soit-il, comparé à la pesanteur concrète de la détresse matérielle, je le tiens même pour principal responsable. Non pas qu'il suffirait de changer les mots pour changer les choses, mais qu'il est indispensable de mieux définir les mots pour mieux comprendre les choses, et prendre conscience que l'action est possible parce que le choix est possible.

Ce travail sur les mots, pour en partager le vrai sens, devenant accessible au plus grand nombre, déterminera toute action politique et sera l'une des conditions de la survie de nos démocraties.

Le Centrisme a toujours été, au mieux, la fausse bonne idée de gens bien intentionnés, au pire, le faux nez de la droite ou de la gauche. Mais il y a bien pire que ce pire : le piège de l'Extrême Centre.

Le Centrisme s'est toujours défini comme le parti raisonnable de la raison juste : « Arrêtez de vous disputer, je vais prendre les meilleures idées des uns et des autres, et fort de cette potion magique, bâtir le meilleur des mondes possibles. »

Vu de loin, et sans y réfléchir plus que ça, le projet politique ainsi défini semble très raisonnable, et propre à séduire ceux et celles qui en ont plus qu'assez de toutes ces stériles disputes de clochers. Et pourquoi ne pas l'avoir fait avant ? Que d'énergie perdue depuis des lustres, lorsqu'Alain écrivait : « Quand un homme affirme qu'il n'y a pas vraiment de différence entre la Gauche et la Droite, c'est un homme de Droite ! ». Prendre les meilleures idées des uns et des autres pour trouver les meilleures solutions, l'idée est très séduisante. Extrêmement séduisante en fait, comme tous les extrémismes ; car, en y regardant de plus près, en y réfléchissant un peu plus, le Centre, en prenant le pouvoir, devient obligatoirement « l'Extrême Centre ». C'est-à-dire se poserait en incarnation de l'adaptation raisonnable au monde moderne, reléguant toute discordance, opposition, gauche, droite, et autre, à du conservatisme archaïque, voire à un dangereux aventurisme extrémiste.

La société est complexe, les problèmes socio-économiques sont complexes, et tout autant la situation géopolitique. Toute offre politique simpliste est l'argument d'un populisme extrémiste ; cela vaut pour la Gauche, la Droite, et le Centre. La réponse à la complexité des problèmes auxquels nous sommes confrontés s'est imposée lentement, difficilement, avec des avancés et des reculs. Cette réponse ne s'appelle pas Gauche, Droite, ou Centre, mais démocratie. La démocratie est la réponse à la complexité de nos sociétés ; elle n'est pas dans la négation de la Gauche, de la Droite et d'ailleurs, pour mettre ses espoirs en une vérité révélée, aussi séduisante soit-elle, et je dirai même surtout, aussi vraie soit-elle. Car aussi bonne soit-elle, une solution politique, c'est la solution à un problème actuel ; et le problème de demain ? D'après demain ? D'après après demain ? Qui aura la bonne solution ? Ni la gauche ni la Droite ; le Centre, une fois pour toutes, pour toujours… Vraiment ? C'est cela, le piège de l'Extrême Centre.

La démocratie n'est pas une solution, un ensemble de solutions qu'il suffirait d'appliquer à la manière d'un programme politique. La démocratie est une réponse politique complexe qui est capable de relever le défi de la complexité de la société. Les solutions censées résoudre tel ou tel problème sont ici, ou là, ou là-bas ; quelquefois, elles ne sont que d'invisibles propositions d'obscurs inconnus ; mais elles sont toujours l'expression ponctuelle d'une logique qui régit un système organisationnel, que l'on va qualifier politiquement comme étant « à gauche », « à droite » ou ailleurs, mais jamais comme détachées de toute appartenance, et donc dépendance ; et donc jamais réalisables sans appliquer par ailleurs la logique systémique qu'elles contiennent. La tension politique créée par des partis qui s'opposent est nécessaire à toute vraie démocratie, car chaque proposition/solution étant dépendante d'une logique systémique, un même système politique ne peut offrir aux citoyens des choix très divergents, voire opposés, ce qui est justement la raison d'être d'une démocratie. En fait, affirmer qu'il n'y a plus de vraies différences entre Gauche et Droite et donc une vraie opposition, c'est l'argument des extrêmes : « Eux ne s'opposent plus, la vraie opposition c'est nous. » Affirmer que pour résoudre les problèmes il suffit de prendre les meilleures idées progressistes (forcément progressistes, qui a envie de régresser ?) de Gauche et de Droite, c'est faire la même O. P. A. sur le jeu démocratique ; mais en plus subtil, apparemment plus raisonnable, intellectuellement plus séduisant, mais démocratiquement tout aussi dangereux.

La démocratie ne peut fonctionner comme ça, car la politique n'est pas un verger où l'on peut tout à loisir prendre les plus beaux fruits dans cet arbre à gauche et dans celui-là, à droite ; et celui-là encore en Allemagne, en Angleterre, en Chine, sur une autre planète... La politique, la vraie, c'est une vision d'ensemble, une pensée cohérente ; et surtout, une même logique qui tient l'ensemble des propositions/ solutions, des racines aux feuilles, fleurs, fruits.

On est pour la répartition des charges ou pas. On est pour des services de transport, santé, sécurité, éducatifs, culturels... étendus à la plus large population possible avec les moyens disponibles, ou pas. Que l'on soit pour ou pas telle ou telle « meilleure solution », le choix entraîne obligatoirement toute une série de règles, par le simple fait que la société est comme un seul organisme, et qu'il doit y régner un minimum de cohérence ; toute une série d'obligations et de droits dont l'ensemble dessinera un certain type de société ou un autre, ce qui imposera à chacun une certaine manière de vivre, ou une autre. Et in fine, il n'y aura pas le meilleur de l'un mélangé avec le meilleur de l'autre ; il y aura l'un ou l'autre.

Je crois, effectivement, qu'actuellement, les principaux partis représentant officiellement la Gauche et la Droite font de plus en plus appel à l'imagination de leurs « communicants » pour trouver des thèmes d'oppositions. Doit-on en conclure qu'il n'y a plus ni Gauche ni Droite, mais une sorte de maelstrom libéral où il resterait encore quelques bonnes idées à prendre pour constituer un Centrisme raisonnable ? Évidemment, non ; il y a, plus que jamais, deux grands projets socio-économiques qui s'opposent, mais ils ne sont plus représentés par les partis actuels, surtout à Gauche ; mais aussi à Droite, toute la Droite n'est pas Ultra-Libérale comme le voudrait le MEDEF.

Ce n'est pas parce qu'il n'y a plus ni Gauche ni Droite qu'un New Deal politique est possible, mais tout au contraire parce que Gauche et Droite ne sont plus ou mal représentés. C'est l'exigence citoyenne d'une meilleure offre politique qui fera que les lignes vont bouger et que pourrons enfin émerger, des eaux politiques troubles de ces dernières décennies, de nouveaux projets de société réellement capable de relever les défis du monde à venir.

Être ou ne pas être libre ? La question semble ne pas se poser tant on pense que tout le monde souhaite la liberté. On pense mal, ou plutôt on ne pense pas, on projette ses fantasmes sur une réalité psychologique que l'on croit naïvement idoine au désir de libération, et l'on se retrouve bien loin de la vérité.

La réalité, c'est que presque tout le monde ne dépense pas son énergie pour la liberté, mais pour la normalité.

La réalité, c'est que la liberté a toujours fait plus peur qu'envie ; tout le monde rêve de liberté, mais peu la souhaite dans leur réalité quotidienne.

La liberté est un animal sauvage, qu'il faut réussir à approcher, à affronter, à dompter, avant de s'en faire un allié, au risque d'en être aliéné. Tout cela est bien difficile, et la plupart préfèrent des animaux plus facilement dociles, déjà domestiqués, comme la sécurité, la normalité ou la mode, puisque être ou ne pas être à la mode, c'est pour beaucoup, être ou ne pas être normal, et la liberté tient bien peu de place dans cette affaire.

De temps en temps, un vent de liberté semble pourtant souffler sur une société qui d'un coup devient « ancienne », puisqu'une autre s'impose « nouvelle ».

Mais ce n'est qu'un tribut que l'on jette en pâture au fantasme d'une libération ; on change les normes, on garde la normalité, et bien vite, gare à qui sera resté sur le quai, n'aura pas pris la nouvelle norme, la nouvelle vague, le train pour le Nouveau Monde.

C'est évidemment toute l'ambiguïté, la difficulté d'un exercice démocratique qui s'idéalise en constitution, mais n'échappe pas plus à la psychologie individuelle qu'à la sociologie des collectivités et se retrouve à officier dans un espace bien exigu où l'on jongle en permanence avec des objets si contraires, se tenant en équilibre sur un fil si mince, que le spectacle de la politique n'a rien à envier à celui du cirque. On y déclare sa flamme pour toutes les libertés d'une main ouverte et généreuse, mais c'est la nouvelle norme à la mode que l'on impose d'un poing menaçant.

Être ou ne pas être de son temps ? Le temps lent de la culture, qui se nourrit de la diversité de sujets, d'époques, de lieux, pour construire une vision d'ensemble et l'enrichir du partage d'autres regards a été déprécié par le temps rapide d'un utilitarisme pragmatique.

Le temps lent est devenu le symbole d'un hédonisme intellectuel suranné dans le meilleur des cas, d'une coupable paresse le plus souvent, et n'est plus que le prétexte d'un tourisme vert décoré d'une ruralité de bon aloi où les happy few d'un productivisme pressé et pressurisant sont conviés à « ralentir », « prendre le temps », se « déconnecter », pour se « ressourcer », ou, plus prosaïquement (moins hypocritement ?) à « recharger leurs batteries », métaphore machiniste aussi éloquente que nécessaire, car il ne s'agirait quand même pas que verdures, oiseaux et vieilles pierres les distraient au point de n'en rien faire d'utile, à savoir, retrouver l'énergie qui permettra d'atteindre, une fois encore, ce maximum d'efficacité qui sied à l'urbanité contemporaine. Prendre le temps de réfléchir au monde comme il va, comme il pourrait aller, n'est plus guère à l'ordre du jour ; perdre son temps avec les réflexions des autres encore moins. Dans une société de plus en plus complexe, fragile, dangereuse, ne pas perdre son temps à lire, s'informer, participer, cela signifie peser de moins en moins sur l'avenir, alors que c'est encore possible, mais pour combien de temps ?

Notre avenir personnel et l'avenir collectif sont de plus en plus interdépendants et nous rendent de plus en plus dépendants des soubresauts chaotiques d'un monde devenant de plus en plus libre et nous, de moins en moins.

Dans ce contexte qui caractérise ce début de 21e siècle, on ne peut plus se préoccuper de soi sans penser le monde, car se préoccuper de notre avenir collectif c'est penser à notre avenir personnel.

Être ou ne pas être à la mode ? On croit la question futile, elle est essentielle.

La mode se situe dans l'exact croisement entre deux tendances psychologiques, opposées et complémentaires : l'imitation, pour se fondre dans le groupe, qui sécurise ; la singularisation, pour affirmer son individualité, qui libère. La mode est l'expression sociale de cette dialectique mentale.

La nature humaine est duelle parce qu'elle est plus que toute autre une conscience temporelle. L'imitation, c'est la sécurité du passé ; la singularisation, c'est l'attrait de la nouveauté que promet l'avenir.

La mode réussit donc cette extraordinaire quadrature du cercle qui consiste à combler pour chacun (dans un moment choisi individuellement) son besoin d'intégration à un groupe, en adoptant ce qui est à la mode pour la majorité, et son besoin de singularité, d'affirmation de soi, en choisissant ce qui deviendra peut-être à la mode pour beaucoup, mais qui ne l'est, en ce moment précis, que pour quelques-uns.

Quand on pense « mode », on pense habillement, d'où le caractère futile qu'on lui prête. C'est l'erreur des beaux esprits qui se targuent de lui échapper.

Mais on n'échappe pas à la mode, elle est partout. Habillement, mobilier, architecture, techniques, sciences… l'égyptologie était furieusement à la mode à une époque, puis vint celle des dinosaures.

Croyant ou pas, personne n'échappe à la métaphysique. Fashion victime ou pas, personne n'échappe à la mode.

Droit de propriété et droit d'usage semblent totalement avoir disparu du jargon politico-économique contemporain ; comme si le débat était clos, l'affaire ancienne et périmée.

Évidemment, non seulement il n'en est rien, mais l'affaire est on ne peut plus contemporaine et importante, d'où l'urgence, dans les hautes sphères du pouvoir, de communiquer sans cesse, de montrer que l'on parle de tout, que les citoyens sont informés et surinformés… mais pas un mot sur le socle juridique sur lequel repose l'économie et donc la société : le droit de propriété et le droit d'usage. Il n'est pas question, ici, d'évoquer l'histoire, la philosophie, la puissance civilisatrice de ces principes essentiels propres à structurer les esprits autant que les sociétés, leur importance mérite un livre ou juste quelques mots, entre les deux ce serait du travail ni fait ni à faire.

Ces deux principes organisationnels ont, évidemment, leur traduction en politique : historiquement, la Droite fait prévaloir le droit de propriété, la Gauche le droit d'usage. Ainsi, ceux qui glosent sur un Nouveau Monde dans lequel nous serions entrés, une nouvelle société où les vieilles notions de Gauche et de Droite n'auraient plus de sens, où les choix de société ne seraient plus qu'entre un pragmatisme progressiste et un conservatisme déconnecté du sens de l'histoire moderne, ceux-là n'ont simplement rien compris, ou font semblant.

Il y a toujours eu, et il y aura toujours deux principes organisationnels majeurs : le droit de propriété et le droit d'usage. Il n'y aura jamais un Nouveau Monde avec d'autres lois fondamentales. Il y aura toujours des forces économiques, politiques, allant dans un sens plutôt que l'autre, dans la possession personnelle plutôt que l'usage commun, dans la possession commune plutôt que l'usage personnel, et il restera toujours la possibilité d'aller plus dans un sens ou dans l'autre, selon les intérêts et les circonstances du moment.

Le monde du 19e siècle a peut-être, involontairement, inventé un mythe : Deux systèmes économiques doivent s'affronter pour la domination du monde, tels deux dieux de l'Olympe moderne, et c'est le sens de l'histoire des peuples de la terre qui est en jeu.

Nous sommes privilégiés, nous connaissons la fin de l'histoire, le capitalisme est sorti grand vainqueur de cet apocalyptique combat ; et nous, faibles humains, nous ne pouvions qu'en subir les conséquences.

Et si c'était une légende, fondée sur une erreur originelle causée par une mauvaise interprétation de la réalité des rapports socio-économiques entre dominants et dominés, exploitants et exploités ?
Au 19e siècle, l'erreur a peut-être été de penser que la classe dominante, détentrice du capital et actrice majeure de sa logique économique, le capitalisme, était la cause de l'exploitation de la nature et des hommes, alors qu'elle n'était peut-être, cette classe dominante, que la conséquence opportuniste d'une cause plus fondamentale : le productivisme.

Le productivisme possède probablement la même logique fonctionnelle, qu'il soit « privatisé » ou « étatisé » : une classe dominante se forme de facto, et qu'elle soit faite d'entrepreneurs et de financiers, ou de hauts fonctionnaires, la classe éloignée des pouvoirs de décision reste exploitée, toujours pour la bonne cause, la production, qui doit toujours grandir, pour gagner la guerre économique, politique, historique.

Il n'y a peut-être jamais eu deux systèmes économiques en concurrence, mais un seul, le productivisme, et ce ne sont peut-être que les deux faces du même système qui se sont opposées...
Le système économique dit « capitaliste » n'aurait donc jamais été en danger depuis deux siècles, mais au contraire aurait été galvanisé par cette concurrence avec lui-même puisqu'étant en réalité le système économique productiviste.

Que seraient les religions et les philosophies sans l'éternel combat entre le bien et le mal ? Et pourquoi serait-ce un éternel combat, sinon parce qu'il s'agit du combat de l'âme humaine avec elle-même ?
Et s'il ne s'agissait, depuis deux siècles, que du combat du productivisme avec lui-même ? Où chacun n'incarnait qu'une de ses faces ; où chacun était le mal pour l'autre, le bien pour lui-même.

Et si c'était, aujourd'hui, le productivisme qu'il fallait remettre en question, pour des raisons démocratiques, humanistes, écologistes ?

Mais déjà, le système économique productiviste, qui a survécu à toutes les guerres, toutes les crises, toutes les révolutions, sent le danger, car ce n'est pas du tout le monstre froid du Machinisme des « Temps Modernes », mais tout au contraire une subtile intelligence intuitive au service de sa logique fonctionnelle. Déjà, un nouveau mythe est peut-être en train de naître, sous nos yeux, comme au 19e siècle : ni de Gauche, ni de Droite, et respectueux du bien-être de ses actionnaires, le développement durable.

Mais qu'il soit étatisé, privatisé, ou verdoyant, le productivisme restera tel qu'il a toujours été, et ne recherchera que la durabilité de lui-même. La vraie alternative reste à inventer.

Oser penser l'alternative. Si j'étais taquin, je dirais qu'il s'agit d'une tautologie. On ne pense qu'à partir d'une volonté de rupture, la volonté de conservation n'a pas besoin de penser puisqu'il lui suffit de continuer, alors que vouloir un autre monde entraîne obligatoirement une rupture et donc la recherche d'une alternative qui est la définition même de la pensée. Penser, c'est proposer autre chose ; tout le monde le comprend, au moins intuitivement, car pour continuer à faire la même chose, on n'a pas besoin de faire un grand effort intellectuel !

Si j'étais taquin… Mais comme je suis sérieux, je me contenterais de citer Horace : « Osez penser ! ». Osez utiliser ce qu'il vous reste de neurones valides, ceux qui ont survécu au matraquage publicitaire, à l'intoxication de la propagande idéologique, au conformisme d'un matérialisme aussi sécurisant qu'anesthésiant, au mimétisme panurgique, bref, à une soumission volontaire qui est le signe d'une inconsciente mort cérébrale. Ils sont morts, mais ils ne le savent pas, il en est même qui se croient encore en démocratie, alors que tout reste à faire, à repenser, à penser.

Du pain et des jeux.

Du pain.

De quoi survivre ; c'est-à-dire satisfaire les besoins vitaux.

Des jeux.

De quoi se distraire ; c'est-à-dire ne pas penser.

Ne pas s'informer, apprendre, comprendre, réfléchir au monde ; comme il est, comme il pourrait être, et surtout, le plus important, ne pas se préoccuper d'y participer, socialement, culturellement, politiquement, selon ses moyens, ses idées, jusqu'à s'en désintéresser, faire sécession, rester dans sa plus ou moins confortable bulle, avec du pain, et des jeux.

« Le monde d'après », formule journalistique, slogan politique critiquable, mais peu importe, utilisons cette expression que jugera l'histoire.

Il n'y aura pas de « monde d'après » tant qu'il n'y aura pas une sérieuse remise en question des normes institutionnelles, économiques, culturelles, du « monde d'avant ».

Il n'y aura pas d'efficiente remise en question si celle-ci ne vient pas d'abord « d'en bas », d'une majorité de citoyens, et elle ne sera pas suffisamment partagée sans une large compréhension et diffusion d'un modèle alternatif crédible.

Il n'y aura pas de modèle alternatif crédible sans preuve expérimentale. La réflexion ne suffira pas ; la participation, l'expérimentation, le « puisque ça marche ici, pourquoi pas là-bas » doit impérativement accompagner et nourrir positivement la réflexion, pour devenir connaissance, certitude d'être dans la bonne direction.

Ce siècle avait 17 ans. De tous, il était assurément le plus moderne. On lui doit l'innovation de ce début du 21e siècle : la politique quantique. À la fois onde et particule, il épousait avec brio le siècle numérique naissant.

Mais à trop confondre virtualité et virtuosité, on néglige l'opiniâtre rugosité du réel. Le monde virtuel peut se libérer de ces ennuyeuses contraintes que sont le temps et l'espace ; le monde réel n'a pas cette plasticité, les humains non plus. En tout cas, c'est ce que l'on croyait.

Mais la sémantique d'une novlangue aussi affûtée que futée va bientôt balayer les derniers retardataires de l'Ancien Monde ; et voilà, tout est là et tout est dit : Le monde réel n'est plus le monde réel, mais « l'Ancien Monde » ; le monde virtuel n'est pas le monde virtuel, mais le « Nouveau Monde ». Plus besoin de se justifier, de démontrer, d'argumenter, de prouver ; d'expliquer d'où l'on vient, de dire qui l'on est, de montrer où l'on va ; plus besoin de ces inutiles arguties, de ces ennuyeuses discussions où s'affrontaient thèses et antithèses ; désormais, la pluie de critiques glissera sur le textile imperméable du Nouveau Monde.

Comment, vous ne comprenez pas l'impérieuse nécessité de la fluidité de la flexibilité de la dérégulation de la dérèglementation de la libération des énergies entrepreneuriales enchaînées par des lois anti-économiques et une administration qui freine l'élan créatif des startups ?

Mais c'est parce que vous faites partie de l'Ancien Monde !

Et voilà, tout est dit ; inutile d'aller plus loin, inutile de perdre son temps à discuter avec quelqu'un qui, de toute façon, ne comprendra rien, puisqu'il fait partie de l'Ancien Monde. D'ailleurs, c'est simple, on n'est plus de « gauche » ou de « droite », on est de « l'Ancien Monde » ou du nouveau.

Vous vous pensiez libre de critiquer le présent, d'interroger l'avenir, et vous voilà captif d'un passé dépassé ; décrédibilisée, ringardisée, placardisée, démonétisée : votre opinion ne vaut plus un kopeck dans ce Nouveau Monde qui s'affaire à remplacer toutes les décennies d'expériences sonnantes et trébuchantes par les bitcoins d'un monde aussi nouveau que sans mémoire, puisque du passé il fallait faire table rase (ne disait-il pas : révolution). Sans mémoire, mais virtuellement promis à tant d'avenir !

Ce siècle avait 17 ans, quand le jeune Persée sortit victorieux d'un duel télévisé qui le fit entrer dans la légende ; car c'est grâce à cette victoire qu'il pétrifia ses adversaires, de droite et de gauche.

Ce siècle avait 17 ans, et déjà, sous la cape du héros solitaire, se devinait l'uniforme d'un chef d'armée.

Ce siècle avait 17 ans, et déjà, Persée se prenait pour Zeus.

Communication politique.gouv.fr n'est pas mon site préféré. Bien sûr, dans une société ultraconnectée, bien faire n'est pas suffisant, encore faut-il le faire savoir ; si possible pour susciter un engouement, au minimum pour convaincre et réduire les réticences. Mais communiquer du vide pour remplir l'espace public charmera de moins en moins les électeurs.

Une politique écologiquement ambitieuse sera celle qui, année après année (et pas dizaine d'années après dizaine d'années), concrétisera sensiblement une indépendance de plus en plus grande par rapport aux énergies fossiles, uranium compris, par rapport aux produits chimiques, par rapport aux polluants qui envahissent nos objets du quotidien.

L'organisation de conférences nationales et internationales ne pourra tenir lieu « d'actions politiques » si des résultats observables dans un an, deux ans, trois ans ne sont pas au rendez-vous ;(et pas dans dix ans, vingt ans, trente ans).

Communiquer sur des intentions, c'est ce que l'on a de moins en moins envie d'entendre. Communiquer sur des résultats, c'est ce que l'on attend, avec de moins en moins de patience.

Je suis à cent pour cent pour le principe de réalité ; mais pas celui de cette artificielle « réalité économique » qui a courbé l'Espace-Temps politique vers un néolibéralisme devenu la partie insécable de l'Economie-Monde.

Le principe de réalité de la nature (dans laquelle on continue de vivre, même en pleine mégapole), s'imposera de plus en plus, mais pas seulement en principe, en catastrophes aussi, et à tout le monde, y compris les aficionados du « réalisme » économique.

Il ne faudra plus attendre longtemps avant de savoir où se trouve le vrai principe de réalité.

La pensée du 21e siècle, je l'imagine protéiforme, transdisciplinaire, systémique, synthétique.

La pensée du 21e siècle sera celle qui aura su répondre aux interrogations d'une humanité qui fait la douloureuse expérience d'une interdépendance extrême, non plus seulement économiquement, politiquement, culturellement, mais avec la nature, la terre, l'eau, le climat ; ce qui avait toujours été, ce qui n'était plus dans la période contemporaine.

La pensée du 21e siècle sera celle qui aura su reprendre un dialogue harmonieux avec la nature, interrompu par le métaphysique anthropocentrisme et l'industrieuse et productiviste techno-science, dont la réussite a conduit de plus en plus à oublier l'interdépendance de tous les vivants et de la nature ; comme si l'humanité était partie vivre sur une autre planète et qu'il était devenu inutile de se préoccuper de la terre.

Pour le moment, nous ne sommes pas à la hauteur des problèmes qui se profilent à l'horizon des prochaines décennies. Tous ceux qui possèdent un pouvoir d'action, culturelle, politique, économique, aussi modeste soit-il, c'est-à-dire, en ce qui concerne l'Europe, la grande majorité des citoyens, tous ont été, ces dernières années, suffisamment informés de la dangerosité de la situation à venir. Si, individuellement, selon nos moyens, nous n'utilisons pas les pouvoirs qui sont les nôtres, nous sommes devenus, de facto, coresponsables de non-assistances à humanité en danger, non-assistance à biosphère planétaire en danger, les deux étant inséparables.

À chacun, à partir de maintenant, d'être ou de ne pas être coresponsable, en agissant ou pas, proportionnellement à sa capacité d'action, en participant ou pas, en coopérant ou pas, aux solutions déjà disponibles, à l'élaboration de celles qui restent à inventer.

Ces dernières années, le curseur du bien et du mal s'est déplacé, ne rien faire est devenu mal faire, mal vivre. Et faire, pour le simple citoyen, commence par se poser la question essentielle, dont tout dépend : quel 21e siècle voulons-nous ? Il existe des incontournables ; des logiques inexorables, implacables, non négociables. Ou vous ne vous souciez pas des conditions dans lesquelles vivront les enfants de vos enfants, ou vous vous en préoccupez. Il n'y a pas d'espace de liberté entre les deux, pas d'échappatoire, pas de demi-mesure possible : vous ne vous sentez pas concerné ou ce futur vous préoccupe, et reconnaître que ce futur vous préoccupe, c'est être obligé d'agir maintenant, puisque ce futur dépend de notre présent.

Il n'y a pas un deuxième ou troisième choix. La route éthique est balisée par la certitude scientifique, la logique impose son impératif catégorique : dire « je m'en préoccupe », et ne rien faire, c'est comme dire à quelqu'un en train de se noyer que sa situation vous préoccupe, et continuer à le regarder se noyer !

Malgré tout, ce qui se passera en 2100 vous parait peut-être trop lointain ? Alors, revenons au présent : organisez une réunion familiale et annoncez à vos enfants que vous n'en avez rien à faire des conditions de vie que leurs enfants auront en 2060, en 2080, en 2100, et observez leurs réactions aujourd'hui, puisque demain ne vous préoccupe pas.

Ou, mieux : essayez de leur expliquer pourquoi cela vous préoccupe et pourquoi vous ne ferez rien !

Penser, philosophiquement, c'est d'abord penser le monde, sa relation avec le monde. La pensée qui va de soi à soi a des vertus psychologiques, mais la pensée philosophique ne commence vraiment que lorsque l'on sort de sa caverne intérieure. Il ne s'agit pas de s'épuiser à le comprendre de bout en bout, à la manière encyclopédique, mais d'acquérir le minimum suffisant pour y reconnaître sa place, son action, et donc trouver un sens à sa vie au-delà d'un pragmatisme utilitaire qui pourra avoir l'apparence de la réussite sociale et la satisfaction psychologique qui l'accompagne, qui n'aura jamais la plénitude intérieure résultant de l'ambition philosophique qui donne sens à sa pratique : parcourir le chemin qui unira de plus en plus son être, sa pensée, sa vie.

Tout le monde il est libre, tout le monde il est
    gagnant,
    Quand nos poissons gobent, nos plastiques
bien délavés,
    Par de grandes vagues, venues gentiment
bercées,
    Nos petits crustacés, sur nos côtes mazoutées,
    Dans la douceur de la nuit, le ciel m'offre son
abri,
    Et je pense aux dirigeants, ceux qui ont dit :

    Tout le monde il est libre, tout le monde il est
gagnant,
    Quand les enfants d'Afrique, d'Afrique et
d'ailleurs,
    S'amusent à se faire peur, en jouant aux
mineurs,

    Et sont contents d'avoir, une vie pleine de
bonheurs,
    Dans la chaleur de la nuit, le ciel m'offre son
abri,
    Et je pense aux dirigeants, ceux qui ont dit :
    Tout le monde il est libre, tout le monde il

est gagnant,

Quand l'hiver congèle, le dormeur sans abri,

Quand le printemps expulse, tous les mauvais chômeurs,

Quand l'été saisit les meubles, et l'automne le paysan,

Dans la tiédeur de la nuit, le ciel m'offre son abri,

Et je pense aux dirigeants, ceux qui ont dit :

Tout le monde il est libre, tout le monde il est gagnant,

Quand nos cadres supérieurs, atterrissent en douceur,

Grâce aux parachutes dorés, sur leurs golfs préférés,

Quand flambent leurs actions, et qu'ils récoltent la moisson,

De milliers de stock-options, qu'ils ont bien mérités,

Dans la torpeur de la nuit, le ciel m'offre son abri,

Et je pense aux dirigeants, ceux qui ont dit :

Tout le monde il est libre, tout le monde il est gagnant.

« L'esprit qui ne lit pas maigrit, comme le corps qui ne mange pas »
Victor Hugo.

Un esprit qui maigrit, cela veut dire quoi ?

Que sa capacité de réflexion s'amenuise, à cause, principalement, d'une diminution de son capital culturel. Mais psychologiquement, ne pas lire, c'est, entre autres, éviter le désagrément d'une remise en question de ses certitudes, croyances, opinions ; c'est éviter le sentiment de dépossession d'une partie de soi-même, tant il est vrai que l'on se confond avec ce que l'on pense.

On a donc une bonne raison de ne pas lire : rester soi-même. Mais dans une sorte de congélation mentale qui confond jusqu'à l'absurde ce que l'on pense et ce que l'on est ; jusqu'à ne pas comprendre que s'interdire de regarder le monde différemment, d'entendre un autre son de cloche, c'est s'interdire d'évoluer, se figer dans une attitude mentale ; c'est emprisonner son être dans une pensée, c'est mener sa vie à contre sens de la vie.

Conclusion

Entre le robot humanoïde et l'humain robotisé, restera-t-il une place pour une techno-science avec conscience et une humaine humanité ? Notre avenir est-il déjà écrit en une longue suite de zéros et d'un ? L'irrationnelle condition humaine est-elle l'obsolescence programmée par l'implacable perfection de la rationalité algorithmique ? Le futur redeviendra-t-il ce qu'il était ?

Math, physique, chimie, biologie sont les disciplines reines, avec, bien sûr, les technologies qui créent les exosquelettes décuplant nos capacités. Dans ce contexte social, économique, culturel où le pragmatisme fait la loi, la philosophie, les sciences humaines, est-ce bien utile ?

Associer les idées en ensembles cohérents, décortiquer les concepts en partie plus digestes, repérer le hiatus dans l'argumentaire, le parti pris dans l'apparente objective rationalité, réactualiser l'idée ancienne, construire le concept nouveau qui permet de généraliser l'analyse, voire de l'universaliser, passer la démonstration au crible de la logique, juger l'idée nouvelle à l'aune de l'histoire : tels sont quelques exercices qui développent une sorte de sens intellectuel que l'on pourrait appeler « intuition philosophique ».

Plus cette acuité se développe, plus vite on repère le discours biaisé, la faille, le non-dit ; il ne permet pas que de gagner du temps, de moins « se faire avoir » par une grandiloquence creuse, il permet, aussi mystérieusement qu'efficacement, de ressentir, presque physiquement, la présence du réel, qui n'est que l'autre nom du vrai, comme on ressent le beau, le bon, sans nécessaire analyse, par simple contact direct. Et dire que beaucoup pensent que la philosophie est l'affaire d'intellectuels déconnectés de la réalité…

La philosophie et les sciences humaines révèlent l'humain à lui-même, du comportement individuel à l'organisation de la société, de sa part d'animalité à une éducation humanisante, car l'humain est en perpétuelle construction de lui-même dans une geste culturelle existentielle, ce qui veut dire que l'on ne nait pas humain, on le devient. C'est une potentialité qui se réalise, plus ou moins, et chaque génération doit relever le défi de son humanisation dans sa dimension mentale : si l'on parle du comportement inhumain d'un individu, c'est que le concept d'humanité va bien au-delà du biologique.

Parce que l'humanisation n'est pas donnée une fois pour toutes, parce qu'individus et sociétés doivent construire leur humanité, une meilleure compréhension du processus d'humanisation et son contraire, la déshumanisation, sont indispensables. Ce qu'il faut en retenir, c'est que la technique, aussi performante soit-elle, ne nous dispense pas de cet effort d'humanisation à chaque génération, et donc d'éducation, de transmission de ce qui constitue l'humaine condition et ses valeurs psychologiques, culturelles, sociales, que chacun incarnera, vivra, plus ou moins.

curtis-g.com

Ce livre a été imprimé en France. La typographie libre Amiri est celle que vous lisez et avez lue tout au long de cet ouvrage. Merci au Docteur Khaled Hosny ainsi qu'à tous les contributeurs de cette typographie pour leur travail.

Édition : BoD – Books on Demand, info@bod.fr
Impression : BoD – Books on Demand, In de Tarpen 42, Norderstedt (Allemagne) Impression à la demande
ISBN : 978-2-3225-3893-5
Dépôt légal : mai 2024

Livre imprimé par BOD en mars 2024 pour le titre «Bavardage philosophique d'un citoyen ordinaire ».

Editeur et imprimeur : BOD
Mise en page : Karl Forterre
Illustration intérieure : Camille Geanopoulos
Illustration de couverture : Karl Forterre